कर्मयोग

स्वामी विवेकानंद

Neelkanth
Prakashan

प्रकाशक : नीलकंठ प्रकाशन
पता : 4760-61, 23, अंसारी रोड
दरियागंज, नई दिल्ली -110002
फ़ोन: 9810675061
व्हाट्सएप नंबर: +91 9810675061

ईमेल: neelkanthprakashan47@gmail.com

कर्म योग
स्वामी विवेकानंद

ISBN: 978-93-6144-527-9

संस्करण:2024

किताब के बारे में.....

कर्मयोग स्वामी विवेकानंद द्वारा रचित एक अद्भुत और प्रेरणादायक पुस्तक है, जो कर्म और जीवन के गहन दर्शन पर आधारित है। यह पुस्तक जीवन के हर पहलू में कर्म के महत्व को समझाने और उसे आध्यात्मिकता से जोड़ने का मार्गदर्शन देती है। इसमें विवेकानंद ने कर्म को केवल भौतिक क्रियाओं तक सीमित न रखकर उसे आत्मा की उच्चतम उन्नति का साधन बताया है।

स्वामी विवेकानंद के अनुसार, कर्म का अर्थ केवल शारीरिक कार्य नहीं है, बल्कि इसमें हमारी सोच, भावनाएं और कार्य करने के उद्देश्य भी शामिल होते हैं। **कर्मयोग** में उन्होंने बताया कि हर व्यक्ति को अपने कर्म को निष्ठा, समर्पण और निस्वार्थ भावना से करना चाहिए। उनके विचार में, कर्म ही मानव जीवन का आधार है, और इसे सही दिशा में ले जाना ही आत्मा की उन्नति का मार्ग है।

इस पुस्तक का मुख्य संदेश है कि कर्म को धर्म के रूप में अपनाया जाए। स्वामी विवेकानंद कहते हैं कि कर्म योग का एक ऐसा मार्ग है, जो हमें बंधन से मुक्त कर सकता है। यदि हम अपने कर्म को बिना किसी फल की अपेक्षा के करते हैं, तो यह हमें आत्मिक शांति और आध्यात्मिक प्रगति प्रदान करता है। उन्होंने भगवद्गीता के «निष्काम कर्म» सिद्धांत का उल्लेख करते हुए इसे जीवन में उतारने की प्रेरणा दी है।

कर्मयोग में विवेकानंद ने समझाया है कि कर्म का सही अर्थ है कर्तव्य। हमें अपने कर्तव्यों को ईश्वर की सेवा के रूप में स्वीकार करना चाहिए। जब हम अपने

कार्यों को समर्पण भाव से करते हैं और उन्हें ईश्वर के प्रति भक्ति का रूप मानते हैं, तो हमारा हर कर्म पूजा बन जाता है। इसके माध्यम से हम न केवल समाज और मानवता की सेवा कर सकते हैं, बल्कि अपने भीतर की शुद्धता और सच्चाई को भी जागृत कर सकते हैं।

स्वामी विवेकानंद ने इस पुस्तक में कर्म के तीन स्तरों की व्याख्या की है:

1. **सात्त्विक कर्म:** जो निस्वार्थ और शुद्ध होते हैं।
2. **राजसिक कर्म:** जो महत्वाकांक्षा और इच्छाओं से प्रेरित होते हैं।
3. **तामसिक कर्म:** जो आलस्य और अज्ञान से उत्पन्न होते हैं।

उनका मानना है कि हमें सात्त्विक कर्म को अपनाना चाहिए, क्योंकि यह हमें आत्मा की ओर ले जाता है। वे कहते हैं कि कर्म योग का अभ्यास करने से व्यक्ति अपने अहंकार और स्वार्थ से मुक्त हो सकता है और ईश्वर की ओर बढ़ सकता है।

कर्मयोग हमें सिखाता है कि हर कर्म को एक आध्यात्मिक अभ्यास के रूप में देखा जाए। विवेकानंद के अनुसार, कर्म हमें जीवन में स्थिरता, समर्पण और अनुशासन सिखाता है। यह हमें जीवन की चुनौतियों का सामना करने के लिए तैयार करता है और हमें सच्चे आनंद और संतोष का अनुभव कराता है।

यह पुस्तक हर वर्ग और उम्र के लोगों के लिए उपयोगी है। यह जीवन के प्रति एक नई दृष्टि प्रदान करती है और यह समझाने का प्रयास करती है कि कर्म को केवल भौतिक सफलता के लिए नहीं, बल्कि आत्मा की उन्नति के लिए साधन बनाया जाना चाहिए।

कर्मयोग न केवल एक दार्शनिक ग्रंथ है, बल्कि यह एक प्रेरणादायक मार्गदर्शक भी है, जो हर व्यक्ति को अपने जीवन को सार्थक और उद्देश्यपूर्ण बनाने का मार्ग दिखाता है। स्वामी विवेकानंद के विचार इस पुस्तक में आज भी उतने ही प्रासंगिक हैं, जितने उनके समय में थे।

अनुक्रमणिका

कर्म का चरित्र पर प्रभाव

कर्म शब्द 'कृ' धातु से निकला है; 'कृ' धातु का अर्थ है करना। जो कुछ किया जाता है वही कर्म है। इस शब्द का पारिभाषिक अर्थ 'कर्मफल' भी होता है। दार्शनिक दृष्टि से यदि देखा जाय तो इसका अर्थ कभी-कभी वे फल होते हैं, जिनका कारण हमारे पूर्व कर्म रहते हैं। परन्तु कर्मयोग में 'कर्म' शब्द से हमारा मतलब केवल 'कार्य' ही है। मानवजाति का चरम लक्ष्य ज्ञानलाभ है। प्राच्य दर्शनशास्त्र हमारे सम्मुख एकमात्र यही लक्ष्य रखता है। मनुष्य का अन्तिम ध्येय सुख नहीं वरन् शान है; क्योंकि सुख और आनन्द का तो एक न एक दिन अन्त हो ही जाता है। अतः यह मान लेना कि सुख ही चरम लक्ष्य है मनुष्य की भारी भूल है। संसार में सब दुःखों का मूल यही है कि मनुष्य अज्ञानवश यह समझ बैठता है कि सुख ही उसका चरम लक्ष्य है। पर कुछ समय के बाद मनुष्य को यह बोध होता है कि जिसकी ओर वह जा रहा है, वह सुख नहीं वरन् ज्ञान है, तथा सुख और दुःख दोनों ही महान् शिक्षक हैं और जितनी शिक्षा उसे सुख से मिलती है उतनी ही दुःख से भी। सुख और दुःख ज्यों-ज्यों आत्मा पर से होकर जाते रहते हैं त्यों-त्यों वे उसके ऊपर अनेक प्रकार के चित्र अंकित करते जाते हैं। और इन चित्रों अथवा संस्कारों की समष्टि के फल को ही हम मानव का 'चरित्र' कहते हैं। यदि तुम किसी मनुष्य का चरित्र देखो तो प्रतीत होगा कि वास्तव में वह उसकी मानसिक प्रवृत्तियों एवं मानसिक झुकाव की समष्टि ही है। तुम यह भी देखोगे कि उसके चरित्रगठन में सुख और दुःख दोनों ही समान रूप से उपादानस्वरूप है। चरित्र को एक विशिष्ट ढाँचे में ढालने में अच्छाई और बुराई दोनों का समान अंश रहता है और कभी- कभी तो दुःख-सुख से भी बड़ा शिक्षक हो

जाता है। यदि हम संसार के महापुरुषों के चरित्र का अध्ययन करें तो मैं कह सकता हूँ कि अधिकांश दशाओं में हम यही देखेंगे कि सुख की अपेक्षा दुःख ने तथा सम्पत्ति की अपेक्षा दारिद्रय ने ही उन्हें अधिक शिक्षा दी है एवं प्रशंसा की अपेक्षा निन्दारूपी आघात ने ही उसकी अन्तःस्थ ज्ञानाग्नि को अधिक प्रस्फुरित किया है।

अब, यह ज्ञान मनुष्य में अन्तर्निहित है। कोई भी ज्ञान बाहर से नहीं आता, सब अन्दर ही है। हम जो कहते हैं कि मनुष्य 'जानता' है उसे ठीक ठीक मनोवैज्ञानिक भाषा में व्यक्त करने पर हमें कहना चाहिए कि वह 'आविष्कार करता है। मनुष्य जो कुछ सीखता है वह वास्तव में 'आविष्कार करना' ही है। 'आविष्कार' का अर्थ है - मनुष्य का अपनी अनन्त ज्ञानस्वरूप आत्मा के ऊपर से आवरण को हटा लेना। हम कहते हैं कि न्यूटन ने गुरुत्वाकर्षण का आविष्कार किया। तो क्या वह आविष्कार कहीं एक कोने में बैठा हुआ न्यूटन की प्रतीक्षा कर रहा था? नहीं वह उसके मन में ही था। जब समय आया तो उसने उसे ढूँढ निकाला। संसार ने जो कुछ ज्ञान लाभ किया है, वह मन से ही निकला है। विश्व का असीम पुस्तकालय तुम्हारे मन में ही विद्यमान है। बाह्य जगत् तो तुम्हें अपने मन को अध्ययन में लगाने के लिए उद्दीपक तथा सहायक मात्र है; परन्तु प्रत्येक समय तुम्हारे अध्ययन का विषय तुम्हारा मन ही है। सेव का गिरना न्यूटन के लिए उद्दीपक कारणस्वरूप हुआ और उसने अपने मन का अध्ययन किया। उसने अपने मन में पूर्व से स्थित भाव-शृंखला की कड़ियों को एक बार फिर से व्यवस्थित किया तथा उनमें एक नयी कड़ी का आविष्कार किया। उसी को हम गुरुत्वाकर्षण का नियम कहते हैं। यह न तो सेव में था और न पृथ्वी के केन्द्र में स्थित किसी अन्य वस्तु में ही। अतएव समस्त ज्ञान, चाहे वह व्यावहारिक हो अथवा पारमार्थिक मनुष्य के मन में ही निहित है। बहुधा यह प्रकाशित न होकर ढका रहता है। और जब आवरण धीरे-धीरे हटता जाता है तो हम कहते हैं कि 'हमें ज्ञान हो रहा है।' ज्यों-ज्यों इस आविष्करण की क्रिया बढ़ती जाती है त्यों-त्यों हमारे ज्ञान की वृद्धि होती जाती है। जिस मनुष्य पर से यह आवरण उठता जा रहा है वह अन्य व्यक्तियों की अपेक्षा अधिक ज्ञानी है और जिस मनुष्य पर यह आवरण तह-पर-तह पड़ा है वह अज्ञानी है। जिस मनुष्य पर से यह आवरण बिलकुल चला जाता है वह सर्वश पुरुष कहलाता है। अतीत में कितने ही सर्वज्ञ पुरुष हो चुके हैं और मेरा विश्वास है कि अब भी बहुत से होंगे तथा आगामी युगों में भी ऐसे असंख्य पुरुष जन्म लेंगे। जिस प्रकार

एक चकमक पत्थर के टुकड़े में अग्नि निहित रहती है उसी प्रकार मनुष्य के मन में ज्ञान रहता है। उद्दीपक- कारण घर्षणस्वरूप हो इस ज्ञानाग्नि को प्रकाशित कर देता है। ठीक ऐसा ही हमारे समस्त भावों और कार्यों के सम्बन्ध में भी है। यदि हम शान्त होकर स्वयं का अध्ययन करें तो प्रतीत होगा कि हमारा हँसना-रोना, सुख- दुःख, हर्ष-विषाद, हमारी शुभकामनाएँ एवं शाप, स्तुति और निन्दा ये सब हमारे मन के ऊपर बहिर्जगत् के अनेक घात-प्रतिघात के फलस्वरूप उत्पन्न हुए हैं और हमारा वर्तमान चरित्र इसी का फल है। ये सब घात- प्रतिघात मिलकर 'कर्म' कहलाते हैं। आत्मा की आभ्यन्तरिक अग्नि तथा उसकी अपनी शक्ति एवं ज्ञान को बाहर प्रकट करने के लिए जो मानसिक अथवा भौतिक घात उस पर पहुँचाये जाते हैं वे ही कर्म हैं। यहाँ कर्म शब्द का उपयोग व्यापक रूप में किया गया है। इस प्रकार हम सब प्रतिक्षण ही कर्म करते रहते हैं। मैं तुमसे बातचीत कर रहा हूँ - यह कर्म है, तुम सुन रहे हो - यह भी कर्म है; हमारा साँस लेना, चलना आदि भी कर्म है; जो कुछ हम करते हैं वह शारीरिक हो अथवा मानसिक सब कर्म ही है; और हमारे ऊपर वह अपना चिह्न अंकित कर जाता है।

कई कार्य ऐसे भी होते हैं, जो मानो अनेक छोटे-छोटे कर्मों की समष्टि हैं। उदाहरणार्थ, यदि हम समुद्र के किनारे खड़े हो और लहरों को किनारे से टकराते हुए सुनें, तो ऐसा मालूम होता है कि एक बड़ी भारी आवाज हो रही है। परन्तु हम जानते हैं कि एक बड़ी लहर असंख्य छोटी-छोटी लहरों से बनी है। और यद्यपि प्रत्येक छोटी लहर अपना शब्द करती है परन्तु फिर भी वह हमें सुन नहीं पड़ता। पर ज्यों ही ये सब शब्द आपस में मिलकर एक हो जाते हैं त्यों ही बड़ी आवाज सुनायी देती है। इसी प्रकार हृदय की प्रत्येक धड़कन से कार्य हो रहा है। कई कार्य ऐसे होते हैं जिनका हम अनुभव करते हैं; वे हमारे इन्द्रियग्राह्य हो जाते हैं, पर साथ ही वे अनेक छोटे-छोटे कार्यों की समष्टिस्वरूप हैं। यदि तुम सचमुच किसी मनुष्य के चरित्र को जाँचना चाहते हो तो उसके बड़े कार्यों पर से उसकी जाँच मत करो। एक मूर्ख भी किसी विशेष अवसर पर बहादुर बन जाता है। मनुष्य के अत्यन्त साधारण कार्यों की जाँच करो, और असल में वे ही ऐसी बातें हैं जिनसे तुम्हें एक महान् पुरुष के वास्तविक चरित्र का पता लग सकता है। आकस्मिक अवसर तो छोटे-से-छोटे मनुष्य को भी किसी-न-किसी प्रकार का बड़प्पन दे देते हैं। परन्तु वास्तव में बड़ा तो वही है जिसका चरित्र सदैव और सब अवस्थाओं में महान् रहता है।

मनुष्य का जिन सब शक्तियों के साथ सम्बन्ध आता है, उनमें से कर्मों की वह शक्ति सब से प्रबल है जो मनुष्य के चरित्रगठन पर प्रभाव डालती है। मनुष्य तो मानो एक प्रकार का केन्द्र है और वह संसार की समस्त शक्तियों को अपनी ओर खींच रहा है तथा इस केन्द्र में उन सारी शक्तियों को आपस में मिलाकर उन्हें फिर एक बड़ी तरंग के रूप में बाहर भेज रहा है। यह केन्द्र ही 'प्रकृत मानव' (आत्मा) है; यह सर्वशक्तिमान् तथा सर्वज्ञ है और समस्त विश्व को अपनी ओर खींच रहा है। भला-बुरा, सुख-दुःख सब उसकी ओर दौड़े-जा रहे हैं और जाकर उसके चारों ओर मानो लिपटे जा रहे हैं। और वह उन सब में से चरित्र-रूपी महाशक्ति का गठन करके उसे बाहर भेज रहा है। जिस प्रकार किसी चीज को अपनी ओर खींच लेने की उसमें शक्ति है उसी प्रकार उसे बाहर भेजने की भी है।

संसार में हम जो सब कार्य-कलाप देखते हैं मानव-समाज में जो सब गति हो रही है हमारे चारों ओर जो कुछ हो रहा है, वह सारा-का सारा केवल मन का ही खेल है - मनुष्य की इच्छाशक्ति का प्रकाश मात्र है। अनेक प्रकार के यन्त्र नगर, जहाज, युद्धपोत आदि सभी मनुष्य की इच्छाशक्ति के विकास मात्र हैं। मनुष्य की यह इच्छाशक्ति चरित्र से उत्पन्न होती है और वह चरित्र कर्मों से गठित होता है। अतएव कर्म जैसा होगा, इच्छाशक्ति का विकास भी वैसा ही होगा। संसार में प्रबल इच्छाशक्ति संपन्न जितने महापुरुष हुए है, वे सभी धुरन्धर कर्मी थे। उनकी इच्छाशक्ति ऐसी जबरदस्त थी कि वे संसार को भी उलट-पुलट कर सकते थे। और यह शक्ति उन्हें युग-युगान्तर तक निरन्तर कर्म करते रहने से प्राप्त हुई थी। बुद्ध एवं ईसा मसीह में जैसी प्रबल इच्छाशक्ति थी वह एक जन्म में प्राप्त नहीं की जा सकती। और उसे हम आनुवंशिक शक्तिसंचार भी नहीं कह सकते क्योंकि हमें ज्ञात है कि उनके पिता कौन थे। हम नहीं कह सकते कि उनके पिता के मुँह से मनुष्य-जाति की भलाई के लिए शायद कभी एक शब्द भी निकला हो। जोसेफ (ईसा मसीह के पिता) के समान तो असंख्य बढ़ई हो गये और आज भी है; बुद्ध के पिता के सदृश लाखों छोटे- छोटे राजा हो चुके हैं। अतः यदि वह बात केवल आनुवंशिक शक्तिसंचार के ही कारण हुई हो, तो इसका स्पष्टीकरण कैसे कर सकते हो कि इस छोटे से राजा को जिसकी आज्ञा का पालन शायद उसके स्वयं के नौकर भी नहीं करते थे, ऐसा एक सुन्दर पुत्र-रत्न लाभ हुआ, जिसकी उपासना लगभग आधा संसार करता है? इसी प्रकार जोसेफ नामक

बढ़ई तथा संसार में लाखों लोगों द्वारा ईश्वर के समान पूजे जानेवाले उसके पुत्र ईसा मसीह के बीच जो अन्तर है उसका स्पष्टीकरण कहाँ? आनुवंशिक शक्तिसंचार के सिद्धान्त द्वारा तो इसका स्पष्टीकरण नहीं हो सकता। बुद्ध और ईसा इस विश्व में जिस महाशक्ति का संचार कर गये, वह आयी कहाँ से? उस महान् शक्ति का उद्भव कहाँ से हुआ? अवश्य, युग-युगान्तरों से वह उस स्थान में ही रही होगी और क्रमशः प्रबलतर होते-होते अन्त में बुद्ध तथा ईसा मसीह के रूप में समाज में प्रकट हो गयी और आज तक चली आ रही है।

यह सब कर्म द्वारा ही नियमित होता है। यह सनातन नियम है कि जब तक कोई मनुष्य किसी वस्तु का उपार्जन न करे तब तक वह उसे प्राप्त नहीं हो सकती। सम्भव है कभी-कभी हम इस बात को न मानें परन्तु आगे चलकर हमें इसका दृढ़ विश्वास हो जाता है। एक मनुष्य चाहे समस्त जीवन भर धनी होने के लिए एड़ी-चोटी का पसीना एक करता रहे हजारों मनुष्यों को धोखा दे परन्तु अन्त में वह देखता है कि वह सम्पत्तिशाली होने का अधिकारी नहीं था। तब जीवन उसके लिए दुःखमय और दूभर हो उठता है। हम अपने भौतिक सुखों के लिए भिन्न-भिन्न चीजों को भले ही इकट्ठा करते जाय परन्तु वास्तव में जिसका उपार्जन हम अपने कर्मों द्वारा करते हैं, वही हमारा होता है। एक मूर्ख संसार भर की सारी पुस्तकें मोल लेकर भले ही अपने पुस्तकालय में रख ले परन्तु वह केवल उन्हीं को पढ़ सकेगा, जिनको पढ़ने का वह अधिकारी होगा, और यह अधिकार कर्म द्वारा ही प्राप्त होता है। हम किसके अधिकारी हैं हम अपने भीतर क्या-क्या ग्रहण कर सकते हैं इस सबका निर्णय कर्म द्वारा ही होता है। अपनी वर्तमान अवस्था के जिम्मेदार हम ही है; और जो कुछ हम होना चाहें उसकी शक्ति भी हमीं में है। यदि हमारी-वर्तमान अवस्था हमारे ही पूर्व कर्मों का फल है तो यह निश्चित है कि जो कुछ हम भविष्य में होना चाहते हैं वह हमारे वर्तमान कार्यों द्वारा ही निर्धारित किया जा सकता है। अतएव हमें यह जान लेना आवश्यक है कि कर्म किस प्रकार किये जाय। सम्भव है तुम कहो, "कर्म करने की शैली जानने से क्या लाभ?" संसार में प्रत्येक मनुष्य किसी-न-किसी प्रकार से तो काम करता ही रहता है। "परन्तु यह भी ध्यान रखना चाहिए कि शक्तियों का निरर्थक क्षय भी कोई चीज होती है।" गीता का कथन है "कर्मयोग का अर्थ है - कुशलता से अर्थात वैज्ञानिक प्रणाली से कर्म करना।" कर्मानुष्ठान की विधि ठीक-ठीक जानने से मनुष्य को श्रेष्ठ फल प्राप्त हो

सकता है। यह स्मरण रखना चाहिए कि समस्त कर्मों का उद्देश्य है मन के भीतर पहले से ही स्थित शक्ति को प्रकट कर देना - आत्मा को जागृत कर देना। प्रत्येक मनुष्य के भीतर पूर्ण शक्ति और पूर्ण ज्ञान विद्यमान है। भिन्न-भिन्न कर्म इन महान् शक्तियों को जागृत करने तथा बाहर प्रकट कर देने में साधन मात्र हैं।

मनुष्य नाना प्रकार के हेतु लेकर कार्य किया करता है क्योंकि बिना हेतु के कार्य हो ही नहीं सकता। कुछ लोग यश चाहते हैं और वे यश के लिए काम करते हैं। दूसरे पैसा चाहते हैं और वे पैसे के लिए काम करते हैं। फिर कोई अधिकार प्राप्त करना चाहते हैं और वे अधिकार के लिए काम करते हैं। कुछ और स्वर्ग पाना चाहते है और वे उसी के लिए प्रयत्न करते हैं। फिर कुछ लोग अपने बाद अपना नाम छोड़ जाने के इच्छुक होते हैं। चीन देश में प्रथा है कि मनुष्य की मृत्यु के बाद ही उसे उपाधि दी जाती है; किसी ने यदि बहुत अच्छा कार्य किया, तो उसके मृत-पिता अथवा पितामह को कोई सम्माननीय उपाधि दे दी जाती है। कुछ लोग उसी के लिए यत्न करते हैं। विचार करके देखने पर यह प्रथा हमारे यहाँ की अपेक्षा अच्छी ही कही जा सकती है। इस्लाम धर्म के कुछ सम्प्रदायों के अनुयायी इस बात के लिए आजन्म काम करते रहते हैं कि मृत्यु के बाद उनकी एक बड़ी कब्र बने। मैं कुछ ऐसे सम्प्रदायों को जानता हूँ? जिनमें बच्चे के पैदा होते ही उसके लिए एक कब्र बना दी जाती हैं और यही उन लोगों के अनुसार मनुष्य का सब से जरूरी काम होता है। जिसकी कब जितनी बड़ी और सुन्दर होती है वह उतना ही अधिक सुखी समझा जाता है। कुछ लोग प्रायश्चित के रूप में कर्म किया करते हैं अर्थात् अपने जीवन भर अनेक प्रकार के दुष्ट कर्म कर चुकने के बाद एक मन्दिर बनवा देते हैं अथवा पुरोहितों को कुछ धन दे देते हैं जिससे कि वे उनके लिए मानो स्वर्ग का टिकट खरीद देंगे! वे सोचते हैं कि बस इससे रास्ता साफ हो गया, अब हम निर्विघ्न चले जाएँगे। इस प्रकार मनुष्य को कार्य में लगाने वाले बहुत से उद्देश्य रहते हैं ये उनमें से कुछ हुए।

अब कार्य के लिए ही कार्य - इस सम्बन्ध में हम कुछ आलोचना करें। प्रत्येक देश में कुछ ऐसे नर-रत्न होते हैं जो केवल कर्म के लिए ही कर्म करते हैं। वे नाम-यश अथवा स्वर्ग की भी परवाह नहीं करते। वे केवल इसलिए कर्म करते हैं कि उससे दूसरों की भलाई होती है। कुछ लोग ऐसे भी होते हैं, जो और भी उच्चतर उद्देश्य लेकर गरीबों के प्रति भलाई तथा मनुष्य-जाति की सहायता करने के लिए अग्रसर

होते हैं, क्योंकि भलाई में उनका विश्वास है और उसके प्रति प्रेम है। देखा जाता है कि नाम तथा यश के लिए किया गया कार्य बहुधा शीघ्र फलित नहीं होता। ये चीजें तो हमें उस समय- प्राप्त होती हैं जब हम वृद्ध हो जाते हैं और जिन्दगी की आखिरी घड़ियाँ गिनते रहते हैं। यदि कोई मनुष्य निस्वार्थता से कार्य करे तो क्या उसे कोई फलप्राप्ति नहीं होती? असल में तभी तो उसे सर्वोच्च फल की प्राप्ति होती है और सच पूछा जाय तो निःस्वार्थता अधिक फलदायी होती है पर लोगों में इसका अभ्यास करने का धीरज नहीं रहता। व्यावहारिक दृष्टि से भी यह अधिक लाभदायक है। प्रेम, सत्य तथा निःस्वार्थता नीति- सम्बन्धी आलंकारिक वर्णन मात्र नहीं है वे तो हमारे सर्वोच्च आदर्श है क्योंकि वे शक्ति की महान् अभिव्यक्ति हैं। पहली बात यह है कि यदि कोई मनुष्य पाँच दिन उतना क्यों पाँच मिनट भी बिना भविष्य का चिन्तन किये बिना स्वर्ग नरक या अन्य किसी के सम्बन्ध में सोचे, निःस्वार्थता से काम कर सके तो वह एक महापुरुष बन सकता है। यद्यपि इसे कार्यरूप में परिणत करना कठिन है फिर भी अपने हृदय के अन्तस्तल से हम इसका महत्त्व समझते हैं और जानते हैं कि इससे क्या भलाई होती है। यह शक्ति की महत्तम अभिव्यक्ति है- इसके लिए प्रबल संयम की आवश्यकता है। अन्य सब बहिर्मुखी कर्मों की अपेक्षा इस आत्मसंयम में शक्ति का अधिक प्रकाश होता है। एक चार घोड़ोंवाली गाड़ी उतार पर बड़ी आसानी से धड़धड़ाती हुई आ सकती है अथवा सईस घोड़ों को रोक सकता है। इन दोनों में अधिक शक्ति का विकास किसमें होता है? घोड़ों को छोड़ देने में, अथवा उन्हें रोकने में? एक तोप का गोला हवा में काफी दूर तक चला जाता है और फिर गिर पड़ता है। परन्तु दूसरा दीवार से टकराकर रुक जाने से उतनी दूर नहीं जा सकता पर उस टकराने से बड़ी अता-स्त्री निकलती है। इसी प्रकार, मन की सारी बहिर्मुखी गति किसी स्वार्थपूर्ण उद्देश्य की ओर दौड़ती रहने से छिन्न-भिन्न होकर बिखर जाती है वह फिर तुम्हारे पास लौटकर तुम्हारे शक्तिविकास में सहायक नहीं होती। परन्तु यदि उसका संयम किया जाय, तो उससे शक्ति की वृद्धि होती है। इस आत्मसंयम से एक महान् इच्छाशक्ति का प्रादुर्भाव होता है; वह एक ऐसे चरित्र का निर्माण करता है जो जगत् को अपने इशारे पर चला सकता है। अज्ञानियों को इस रहस्य का पता नहीं रहता, परन्तु फिर भी वे मनुष्य-जाति पर शासन करने के इच्छुक रहते हैं। एक अज्ञानी पुरुष

भी यदि धीरज रखे, तो समस्त संसार पर शासन कर सकता है। यदि वह कुछ वर्ष तक धीरज रखे तथा अपने इस अज्ञानसुलभ जगत्-शासन के भाव को संयत कर ले, तो इस भाव के समूल नष्ट होते ही वह संसार पर शासन कर सकेगा। परन्तु जिस प्रकार स्व पशु अपने से दो-चार कदम आगे कुछ नहीं देख सकते, इसी प्रकार हममें से अधिकांश लोग भविष्य के बारे में नितान्त अदूरदर्शी होते हैं। हमारा संसार मानो एक क्षुद्र वर्तुल-सा होता है हम बस उसी में आबद्ध रहते है। हममें दूरदर्शिता के लिए धैर्य नहीं रहता और इसीलिए हम दुष्ट और नीच हो जाते हैं। यह हमारी कमजोरी है - शक्तिहीनता है।

अत्यन्त सामान्य कर्मों को भी घृणा की दृष्टि से नहीं देखना चाहिए। जो मनुष्य कोई श्रेष्ठ आदर्श नहीं जानता उसे स्वार्थ दृष्टि से ही - नाम- यश के लिए ही - काम करने दो। परन्तु यह आवश्यक है कि प्रत्येक मनुष्य को उच्चतर ध्येयों की ओर बढ़ने तथा उन्हें समझने का प्रबल यत्न करते रहना चाहिए। "हमें कर्म करने का ही अधिकार हैं कर्म फल में हमारा कोई अधिकार नहीं।" कर्मफलों को एक ओर रहने दो, उनकी चिन्ता हमें क्यों हो? यदि तुम किसी मनुष्य की सहायता करना चाहते हो, तो इस बात की कभी चिन्ता न करो कि उस आदमी का व्यवहार तुम्हारे प्रति कैसा रहता है। यदि तुम एक श्रेष्ठ एवं भला कार्य करना चाहते हो, तो यह सोचने का कष्ट मत करो कि उसका फल क्या होगा।

अब कर्म के इस आदर्श के सम्बन्ध में एक कठिन प्रश्न उठता है। कर्मयोगी के लिए सतत कर्मशीलता आवश्यक है; हमें सदैव कर्म करते रहना चाहिए। बिना कार्य के हम एक क्षण भी नहीं रह सकते। तो फिर प्रश्न यह है कि आराम के बारे में क्या होगा? यहाँ इस जीवन-संग्राम के एक ओर है कर्म, जिसके तीव्र भँवर में फँसे हम लोग चक्कर काट रहे हैं और दूसरी ओर है शान्ति - सभी मानो निवृत्तिमुखी है, चारों ओर सब शान्त, स्थिर- किसी प्रकार का कोलाहल नहीं केवल प्रकृति अपने जीवों, पुष्पों और गिरि-गुफाओं के साथ विराज रही है। पर इन दोनों में से कोई भी पूर्ण आदर्श का चित्र नहीं है। यदि एक ऐसा मनुष्य जिसे एकान्तवास का अभ्यास है संसार के चक्कर में घसीट लाया जाय तो उसका उसी प्रकार ध्वंस हो जाएगा जिस प्रकार समुद्र की गहराई में रहने वाली एक विशेष प्रकार की मछली पानी की सतह पर लाये जाते ही टुकड़े-टुकड़े होकर मर जाती है; क्योंकि सतह पर पानी का वह दबाव नहीं

है जिसके कारण वह जीवित रहती थी। इसी प्रकार एक ऐसा मनुष्य, जो सांसारिक तथा सामाजिक जीवन के कोलाहल का अभ्यस्त रहा है, यदि किसी शान्त स्थान को ले जाया जाय, तो क्या वह शान्तिपूर्वक रह सकता है? कदापि नहीं। उसे क्लेश होता है और सम्भव है उसका मस्तिष्क ही फिर जाय। आदर्श पुरुष तो वे हैं जो परम शान्त एवं निस्तब्धता के बीच भी तीव्र कर्म का तथा प्रबल कर्मशीलता के बीच भी मरुस्थल की शान्ति एवं निस्तब्धता का अनुभव करते हैं। उन्होंने संयम का रहस्य जान लिया है - अपने ऊपर विजय प्राप्त कर चुके हैं। किसी बड़े शहर की भरी हुई सड़कों के बीच से जाने पर भी उनका मन उसी प्रकार शान्त रहता है मानो वे किसी निःशब्द गुफा में हों, और फिर भी उनका मन सारे समय कर्म में तीव्र रूप से लगा रहता है। यही कर्मयोग का आदर्श है और यदि तुमने यह प्राप्त कर लिया है तो तुम्हें वास्तव में कर्म का रहस्य ज्ञात हो गया।

परन्तु हमें शुरू से आरम्भ करना पड़ेगा। जो कार्य हमारे सामने आते जायें, उन्हें हम हाथ में लेते जायें और शनैः शनैः हम अपने को दिन-प्रतिदिन निःस्वार्थ बनाने का प्रयत्न करें। हमें कर्म करते रहना चाहिए तथा यह पता लगाना चाहिए कि उस कार्य के पीछे हमारा हेतु क्या है। ऐसा होने पर हम देख पाएँगे कि आरम्भावस्था में प्राय: हमारे सभी कार्यों का हेतु स्वार्थपूर्ण रहता है। किन्तु धीरे-धीरे यह स्वार्थपरायणता अध्यवसाय से नष्ट हो जाएगी और अन्त में वह समय आ जाएगा जब हम वास्तव में स्वार्थ से रहित होकर कार्य करने के योग्य हो सकेंगे। हम सभी यह आशा कर सकते हैं कि जीवन-पथ में अग्रसर होते-होते किसी-न-किसी दिन वह समय अवश्य ही आएगा जब हम पूर्ण रूप से निःस्वार्थ बन जाएँगे; और ज्यों ही हम उस अवस्था को प्राप्त कर लेंगे हमारी समस्त शक्तियाँ केन्द्रीभूत हो जाएँगी तथा हमारा आभ्यन्तरिक ज्ञान प्रकट हो जाएगा।

अपने-अपने कार्यक्षेत्र में सब बड़े हैं

सांख्यमत के अनुसार प्रकृति त्रिगुणमयी है। ये तीन गुण हैं - सत्त्व, रज तथा तम। बाह्य जगत् में इन तीन गुणों का प्रकाश साम्यावस्था, क्रियाशीलता तथा जड़ता के रूप में दिखायी देता है। तम की व्याख्या अन्धकार अथवा कर्मशून्यता के रूप में होती है रज की कर्मशीलता अर्थात् आकर्षण एवं विकर्षण के रूप में, और सत्त्व इन दोनों की साम्यावस्था तथा संयमरूप होता है।

प्रत्येक व्यक्ति इन तीन गुणों से निर्मित है। कभी-कभी जब तमोगुण प्रबल होता है तो हम सुस्त हो जाते हैं तब मानो हिलडुल तक नहीं सकते और निष्कर्ष होकर कुछ विशिष्ट भावनाओं के दास हो जाते हैं। फिर कभी-कभी कर्मशीलता का प्राबल्य होता है; और कभी-कभी इन दोनों के संयमरूप सत्त्व की प्रबलता होती है जिससे मन शान्त भाव धारण करता है। फिर, भिन्न-भिन्न मनुष्यों में इन गुणों में से कोई एक सबसे प्रबल होता है। एक मनुष्य में कर्मशून्यता, सुस्ती और आलस्य के गुण प्रबल रहते हैं; दूसरे में कर्मशीलता, उत्साह एवं शक्ति के और तीसरे में हम शान्ति, मृदुता एवं माधुर्य का भाव देखते है जो पूर्वोक्त दोनों गुणों अर्थात् कर्मशीलता एवं कर्मशून्यता का सामंजस्यस्वरूप होता है। इस प्रकार सम्पूर्ण सृष्टि में - पशुओं, वृक्षों और मनुष्यों में - हमें इन विभिन्न गुणों का, न्यूनाधिक मात्रा में, वैशिष्ठधपूर्ण प्रकाश दिखायी देता है।

कर्मयोग का सम्बन्ध मुख्यतः इन तीन गुणों से है। कर्मयोग हमें यह बतलाकर कि उनका स्वरूप क्या है तथा उनका किस प्रकार उपयोग होना चाहिए, हमें अपना कार्य अच्छी तरह से करने की शिक्षा देता है। मानव- समाज एक श्रेणीबद्ध संस्था है इसके

अन्तर्गत सभी मनुष्य एक-एक श्रेणी में विभक्त और भिन्न-भिन्न सोपान में अवस्थित हैं। हम सभी जानते हैं कि सदाचार तथा कर्तव्य किसे कहते हैं; परन्तु फिर भी हम देखते हैं कि भिन्न- भिन्न देशों में सदाचार के सम्बन्ध में अलग-अलग धारणाएँ हैं। एक देश में जो बात सदाचारयुक्त मानी जाती है, सम्भव है, दूसरे देश में वही नितान्त दुराचार समझी जाय। उदाहरणार्थ, एक देश में चचेरे भाई-बहिन आपस में विवाह कर सकते हैं परन्तु दूसरे देश में यही बात बहुत बुरी मानी जाती है। किसी देश में लोग अपनी साली से विवाह कर सकते हैं परन्तु यही बात दूसरे देश में बड़ी खराब समझी जाती है। फिर कहीं-कहीं लोग एक ही बार विवाह कर सकते हैं और कहीं-कहीं कई बार इत्यादि-इत्यादि। इसी प्रकार, सदाचार की अन्यान्य बातों के सम्बन्ध में भी विभिन्न देशों में बहुत भिन्न-भिन्न धारणाएँ रहती हैं। फिर भी हमारी यह धारणा है कि सदाचार का एक सार्वभौमिक आदर्श अवश्य है।

यही बात कर्तव्य के बारे में भी है। भिन्न-भिन्न जातियों में कर्तव्य के बारे में अलग-अलग धारणा होती है। किसी देश में यदि एक मनुष्य कुछ विशिष्ट कार्य नहीं करता तो लोग उस पर दोषारोपण करते हैं; परन्तु अन्य किसी देश में यदि वह मनुष्य वही कार्य करता है तो वहाँ के लोग कहते हैं कि उसने ठीक नहीं किया। फिर भी हम जानते हैं कि कर्तव्य का एक सार्वभौमिक आदर्श अवश्य है। इसी प्रकार एक समाज सोचता है कि कुछ विशिष्ट बातें ही कर्तव्य-स्वरूप हैं; परन्तु दूसरे समाज का विचार बिलकुल विपरीत होता है और वह उन कार्यों को करना एक पातक समझेगा। अब हमारे सम्मुख दो मार्ग खुले हैं। एक अज्ञानी का, जो सोचता है कि सत्य का मार्ग केवल एक ही है तथा अन्य सब भ्रमात्मक हैं; और दूसरा ज्ञानी का, जो यह मानता है कि हमारी मानसिक दशा तथा परिस्थिति के अनुसार कर्तव्य तथा सदाचार भिन्न-भिन्न हो सकते हैं। अतएव जानने योग्य प्रधान बात यह है कि कर्तव्य तथा सदाचार के विभिन्न स्तर होते हैं, और एक अवस्था के, एक परिस्थिति के कर्तव्य दूसरी परिस्थिति के कर्तव्य नहीं हो सकते।

उदाहरणार्थ सब महापुरुषों का उपदेश है कि "अशुभ के प्रतिकार की चेष्टा नहीं करनी चाहिए" अशुभ का अप्रतिकार ही सर्वोच्च नैतिक आदर्श है। हम जानते हैं कि यदि हम लोग इस कहावत को पूर्णतः चरितार्थ करने लगे, तो समाज के सारे बन्धन ही छिन्न-भिन्न हो जायें। चोर और लुटेरे हमारी जानमाल पर हाथ मारने और मनमानी

करने लगे। यदि इस प्रकार का 'अप्रतिकार- धर्म' एक दिन भी आचरण में लाया गया, तो बड़ी गड़बड़ी मच जाएगी। परन्तु फिर भी अपने हृदय के अन्तस्तल से हम 'अप्रतिकार' - रूप उपदेश की सत्यता भीतर-ही-भीतर अनुभव करते रहते हैं, हमें यह सर्वोच्च आदर्श प्रतीत होता है; परन्तु यदि केवल इस मत का ही प्रचार किया जाय, तब तो अधिकांश मनुष्यों को ही अन्यायकर्मी कहकर तिरस्कृत कर देना होगा। इतना ही नहीं, बल्कि इसके द्वारा मनुष्यों को सदा यही अनुभव होने लगेगा कि वे अन्याय ही कर रहे हैं। उनके हृदय में प्रत्येक कार्य के बारे में संकल्प-विकल्पसा होने लगेगा, उनका मन दुर्बल हो जाएगा तथा अन्य किसी व्यसन की अपेक्षा आत्म-धिक्कार उनमें अधिक दुर्गुणों का संचार कर देगा। जो व्यक्ति अपने प्रति घृणा करने लगा है उसके पतन का द्वार खुल चुका है। और यही बात जाति के सम्बन्ध में भी घटती है।

हमारा पहला कर्तव्य यह है कि हम अपने प्रति घृणा न करें; क्योंकि आगे बढ़ने के लिए यह आवश्यक है कि पहले हम स्वयं में विश्वास रखें और फिर ईश्वर में। जिसे स्वयं में विश्वास नहीं, उसे ईश्वर में कभी भी विश्वास नहीं हो सकता। अतएव हमारे लिए जो एकमात्र रास्ता रह जाता है वह यह कि हम समझ ले कि कर्तव्य तथा सदाचार की धारणा विभिन्न परिस्थितियों के अनुसार बदलती रहती है। यह बात नहीं कि जो मनुष्य अशुभ का प्रतिकार कर रहा है, वह कोई ऐसा काम है जो सदा और स्वभावतः अन्यायपूर्ण है वरन् भिन्न-भिन्न परिस्थितियों के अनुसार अशुभ का प्रतिकार करना उसका कर्तव्य ही हो सकता है।

सम्भव है श्रीमद्भगवद्गीता का द्वितीय अध्याय पढ़कर तुम पाश्चात्य देशवालों में से बहुतों को आश्चर्य हुआ हो क्योंकि उस अध्याय में भगवान श्रीकृष्ण ने अर्जुन को कपटी तथा डरपोक कहा है और वह इसलिए कि अर्जुन ने अपने सम्बन्धियों तथा मित्रों से यह कहकर लड़ने अथवा संघर्ष करने से इनकार कर दिया था कि 'अहिंसा परम धर्म है।' हमारे लिए समझने की यह एक बड़ी बात है कि प्रत्येक कार्य की दोनों चरम विपरीत अवस्थाएँ एकसदृश दिखायी देती हैं। चरम 'अस्ति' और चरम नास्ति दोनों सदैव एक-समान दिखायी देती हैं। उदाहरणार्थ आलोक का स्पन्दन यदि अत्यन्त मृदु होता है तो हम उसे नहीं देख सकते; और इसी प्रकार जब वह अत्यन्त द्रुत होता है, तब भी हम उसे देखने में असमर्थ होते हैं। 'शब्द' के सम्बन्ध में भी ठीक ऐसा ही है। न तो उसके बहुत मृदु होने पर हम उसे सुन सकते हैं और न उसके बहुत उच्च होने पर।

इसी प्रकार का भेद 'प्रतिकार' तथा 'अप्रतिकार' में है। एक मनुष्य इसलिए प्रतिकार नहीं करता कि वह कमजोर है, सुस्त है, असमर्थ है; दूसरी ओर एक दूसरा मनुष्य है, जो यह जानता है कि यदि वह चाहे तो जबरदस्त प्रतिकार कर सकता है, परन्तु फिर भी वह केवल अप्रतिकार ही नहीं करता, वरन् अपने शत्रुओं के प्रति शुभ कामनाएँ भी प्रकट करता है। अतः वह मनुष्य, जो दुर्बलता के कारण प्रतिकार नहीं करता, पापग्रस्त होता है और इसलिए अप्रतिकार से कोई लाभ नहीं उठा सकता; परन्तु दूसरा मनुष्य यदि प्रतिकार करे, तो वह भी पाप का भागी होता है। बुद्ध ने जो अपने राजवैभव तथा सिंहासन छोड़ दिया, उसे हम सच्चा त्याग कह सकते हैं; परन्तु एक भिखारी के सम्बन्ध में त्याग का कोई प्रश्न ही नहीं उठता, क्योंकि उसके पास तो त्याग करने को कुछ है ही नहीं। अतएव जब हम 'अप्रतिकार' तथा 'आदर्श प्रेम' की बात करते है तब यह विशेष रूप से नजर रखना आवश्यक है कि हम किस विषय की ओर लक्ष्य कर रहे हैं। हमें पहले यह ध्यानपूर्वक सोच लेना चाहिए कि हममें प्रतिकार की शक्ति है भी या नहीं। तब फिर शक्तिशाली होते हुए भी यदि हम प्रतिकार न करें तो वास्तव में हम एक महान् कार्य करते हैं; परन्तु यदि हम प्रतिकार कर ही न सकते हों, और फिर भी भ्रमवश यही सोचते रहें कि हम उच्च प्रेम की प्रेरणा से ही कार्य कर रहे हैं तो यह पहले के ठीक विपरीत ही होगा। अपने विक्स में शक्तिशाली सेना को खड़ी देखकर अर्जन बुज़दिल हो गया; उसके प्रेम ने उसे अपने देश तथा राजा के प्रति अपने कर्तव्य को भुला दिया।इसीलिए तो भगवान श्रीकृष्ण ने उससे कहा कि तू ढोंगी है, "एक ज्ञानी के सदृश तू बातें तो करता है, परन्तु तेरे कर्म बुजदिल जैसे हैं। इसलिए तू उठ, खड़ा हो और युद्ध कर।"

यह है कर्मयोग का असली भाग। कर्मयोगी वही है, जो समझता है कि सर्वोच्च आदर्श 'अप्रतिकार' है, जो जानता है कि यह अप्रतिकार ही मनुष्य की आंतरिक शक्ति का उच्चतम विकार है और जो यह भी जानता है कि जिसे हम 'अन्याय का प्रतिकार' कहते हैं वह इस अप्रतिकार-रूप उच्चतम शक्ति की प्राप्ति के मार्ग में केवल एक सीढ़ी मात्र है। इस सर्वोच्च आदर्श को प्राप्त करने के पहले अन्याय का प्रतिकार करना मनुष्य का कर्तव्य है। पहले वह कार्य करे युद्ध करे यथाशक्ति प्रत्तिद्वन्द्विता करे। जब उसमें प्रतिकार की यह शक्ति आ जाएगी, केवल तभी 'अप्रतिकार उसके लिए एक गुणस्वरूप' होगा।

अपने देश में एक बार एक व्यक्ति के साथ मेरी मुलाकात हुई। मैं पहले से ही जानता था कि वह आलसी, बुद्धिहीन और अज्ञ है। उसे कुछ जानने की सहा भी न थी। सारांश

यह कि वह पशुवत् अपना जीवन व्यतीत करता था। उसने मुझसे प्रश्न किया, भगवान की प्राप्ति के लिए मुझे क्या करना चाहिए? मैं किस प्रकार मुक्त हो सकूँगा? मैंने उससे पूछा, "क्या तुम झूठ बोल सकते हो?" उसने उत्तर दिया "नहीं।" मैंने कहा "तब तुम पहले झूठ बोलना सीखो। पशुवत् अथवा एक लट्ठे के सदृश जड़वत् जीवन यापन करने की अपेक्षा झूठ बोलना कहीं अच्छा है। तुम अकर्मण्य हो। अवश्य तुम उस सर्वोच्च निष्क्रिय अवस्था तक पहुँचे नहीं, जो सब कर्मों से परे और परम शान्तिपूर्ण है। और तो और, तुम इतने जड़भावापन हो कि एक बुरा कार्य करने की भी तुममें ताकत नहीं!" अवश्य इतने तामसिक पुरुष बहुधा नहीं होते और सच पूछो तो मैं उससे मजाक ही कर रहा था। पर मेरा मतलब यह था कि सम्पूर्ण निष्क्रिय अवस्था या शान्तभाव प्राप्त करने के लिए मनुष्य को कर्मशीलता में से होकर जाना होगा।

आलस्य का प्रत्येक दशा में त्याग करना चाहिए। क्रियाशीलता का अर्थ है 'प्रतिकार।' मानसिक तथा शारीरिक समस्त दुर्बलताओं का प्रतिकार करो; और जब तुम इस प्रतिकार में सफल हो जाओगे, तभी शान्ति प्राप्त होगी। यह कहना बड़ा सरल है कि 'किसी से घृणा मत करो; किसी अशुभ का प्रतिकार मत करो परन्तु हम जानते हैं कि इसे कार्यरूप में परिणत करना क्या चीज है। जब सारे समाज की आंखें हमारी ओर फिरती है तो हम अप्रतिकार का स्वांग भले ही करें परन्तु हमारे हृदय में प्रतिकार-वासना की टोंच सदैव बनी रहती है। यथार्थ अप्रतिकार के भाव से हृदय में जो शान्ति अनुभूत होती है उसका अभाव हमें निरन्तर खलता रहता है; हमें ऐसा लगता है कि प्रतिकार करना ही अच्छा है। यदि तुम्हें धन की इच्छा है और साथ ही तुम्हें यह भी मालूम है कि जो मनुष्य धन का इच्छुक है उसे संसार दुष्ट कहता है तो सम्भव है तुम धन प्राप्त करने के लिए प्राणपण से चेष्टा करने का साहस न करो, परन्तु फिर भी तुम्हारा मन दिन-रात धन के पीछे-ही-पीछे दौड़ता रहेगा। पर यह तो सरासर कपटता है और इससे कोई लाभ नहीं होता। संसार में कूद पड़ो और जब तुम इसके समस्त सुख और दुःख भोग लोगे, तभी त्याग आएगा - तभी शान्ति प्राप्त होगी। अतएव प्रभुत्व-लाभ की अथवा अन्य जो कुछ तुम्हारी वासना हो वह सब पहले पूरी कर लो; और जब तुम्हारी सारी वासनाएँ पूर्ण हो जाएंगी तब एक समय ऐसा आएगा, जब तुम्हें यह मासूम हो जाएगा कि वे सब चीजें बहुत छोटी हैं। परन्तु जब तक तुम्हारी वह वासना तृप्त नहीं होती जब तक तुम उस कर्मशीलता में से होकर नहीं जा चुकते, तब तक

तुम्हारे लिए उस शान्तभाव एवं आत्मसमर्पण तक पहुँचना नित्तान्त असम्भव है। यह अहिंसा-तत्व, यह ' अप्रतिकार- धर्म' गत हजारों वर्षों से प्रचारित होता आया है - प्रत्येक व्यक्ति ही इसके बारे में बचपन से सुनता आया है परन्तु फिर भी आज संसार में हमें बहुत कम लोग दिखायी देते हैं जो वास्तव में उस स्थिति तक पहुंच सके हैं। मैंने लगभग आधे संसार का भ्रमण कर डाला है, परन्तु मुझे शायद ऐसे बीस मनुष्य भी नहीं मिले, जो वास्तव में शान्त तथा अहिंसा प्रकृतिवाले हों।

प्रत्येक मनुष्य का कर्तव्य है कि वह अपना आदर्श लेकर उसे अपने जीवन में ढालने का प्रयत्न करे। बजाय इसके कि वह दूसरों के आदर्शों को लेकर चरित्र गढ़ने की चेष्टा करे अपने ही आदर्श का अनुसरण करना सफलता का अधिक निश्चित मार्ग है। सम्भव है दूसरे का आदर्श वह अपने जीवन में ढालने में कभी समर्थ न हो। उदाहरणार्थ यदि हम एक छोटे बच्चे से एकदम बीस मील चलने को कह दें तो या तो वह बेचारा मर जाएगा, या यदि हजार में से एक-आध रेंगता-राँगता कहीं पहुँचा भी तो वह अधमरा हो जाएगा। बस हम भी संसार के साथ ऐसा ही करने का प्रयत्न करते हैं। किसी समाज के सब स्त्री-पुरुष न एक मन के होते हैं न एक ही योग्यता के और न एक ही शक्ति के। अतएव, उनमें से प्रत्येक का आदर्श भी भिन्न-भिन्न होना चाहिए; और इन आदर्शों में से एक का भी उपहास करने का हमें कोई अधिकार नहीं। अपने आदर्श को प्राप्त करने के लिए प्रत्येक को जितना हो सके यत्न करने दो। फिर यह भी ठीक नहीं कि मैं तुम्हारे अथवा तुम मेरे आदर्श द्वारा जाँचे जाओ। आम की तुलना इमली से नहीं होनी चाहिये और न इमली की आम से। आम की तुलना के लिए आम ही लेना होगा, और इमली के लिए इमली। इसी प्रकार हमें अन्य सब के सम्बन्ध में भी समझना चाहिए।

बहुत्व में एकत्व ही सृष्टि का नियम है। प्रत्येक स्त्री-पुरुष में व्यक्तिगत रूप से कितना भी भेद क्यों न हो, उन सब के पीछे वह एकत्व ही विद्यमान है। स्त्री-पुरुषों के भिन्न-भिन्न चरित्र एवं उनकी अलग-अलग श्रेणियाँ सृष्टि की स्वाभाविक विभिन्नता मात्र हैं। अतएव एक ही आदर्श द्वारा सब की जाँच करना अथवा सब के सामने एक ही आदर्श रखना किसी भी प्रकार उचित नहीं है। ऐसा करने से केवल एक अस्वाभाविक संघर्ष उत्पन्न हो जाता है और फल यह होता है कि मनुष्य स्वयं से ही घृणा करने लगता है तथा धार्मिक एवं उच्च बनने से रुक जाता है। हमारा कर्तव्य तो यह है कि हम

प्रत्येक को उसके अपने उच्चतम आदर्श को प्राप्त करने के लिए प्रोत्साहित करें तथा उस आदर्श को सत्य के जितना निकटवर्ती हो सके लाने की चेष्टा करें।

हम देखते हैं कि हिन्दू नीतिशास्त्र में यह तत्व बहुत प्राचीन काल से ही अपनाया जा चुका है; और हिन्दुओं के धर्मशास्त्र तथा नीति-सम्बन्धी पुस्तकों में ब्रह्मचर्य, गृहस्थ, वानप्रस्थ तथा संन्यास इन सब विभिन्न आश्रमों के लिए भिन्न-भिन्न विधियों का वर्णन है।

हिन्दू शास्त्रों के अनुसार मानवजाति के साधारण कर्तव्यों के अतिरिक्त प्रत्येक मनुष्य के जीवन में कुछ विशेष-विशेष कर्तव्य होते हैं। एक हिन्दू को पहले ब्रह्मचर्याश्रम अर्थात् छात्रजीवन का अवलम्बन करना पड़ता है; उसके बाद वह विवाह करके गृहस्थ हो जाता है; वृद्धावस्था में गृहस्थाश्रम से अवकाश लेकर वह वानप्रस्थ धर्म का अवलम्बन करता है; और अन्त में वह संसार को त्यागकर संन्यासी हो जाता है।

जीवन के इन भिन्न-भिन्न आश्रमों में भिन्न-भिन्न कर्तव्य होते हैं। वास्तव में इन आश्रमों में कोई किसी से श्रेष्ठ नहीं है; एक गृहस्थ का जीवन भी उतना ही श्रेष्ठ है जितना कि एक ब्रह्मचारी का, जिसने अपना जीवन धर्मकार्य के लिए उत्सर्ग कर दिया है। सड़क का भंगी भी उतना ही उच्च तथा श्रेष्ठ है, जितना कि एक सिंहासनारूढ़ राजा। थोड़ी देर के लिए उसे गद्दी पर से उतार दो और उसे मेहतर का काम दो, फिर देखें, वह कैसा काम करता है। इसी प्रकार उस मेहतर को राजा बना दो; देखें वह कैसे राज्य चलाता है। यह कहना व्यर्थ है कि 'गृहस्थ से संन्यासी श्रेष्ठ है।' संसार को छोड़कर स्वच्छन्द और शान्त जीवन में रहकर ईश्वरोपासना करने की अपेक्षा संसार में रहते हुए ईश्वर की उपासना करना बहुत कठिन है। आज तो भारत में जीवन के ये चार आश्रम घटकर केवल दो ही रह गये हैं - गृहस्थ एवं संन्यास। गृहस्थ विवाह करता है और नागरिक बनकर अपने कर्तव्यों का पालन करता है; तथा संन्यासी अपनी समस्त शक्तियों को केवल ईश्वरोपासना एवं धर्मोपदेश में लगा देता है।

मैं अब महानिर्वाण-तन्त्र से गृहस्थ के कर्तव्य-सम्बन्धी कुछ श्लोक उद्धृत करता हूँ। यह सुनकर तुम देखोगे कि किसी व्यक्ति के लिए गृहस्थ होकर अपने सब कर्तव्यों का उचित रूप से पालन करना कितना कठिन है।

ब्रह्मनिष्ठोगृहस्थः स्यात् ब्रह्मज्ञानपरायणः।
यद्यत्कर्म प्रकुर्वीत तद्ब्रह्मणि समर्पयेत्।। - ८।२ ३

गृहस्थ को ब्रह्मनिष्ठ होना चाहिए तथा ब्रह्मज्ञान का लाभ ही उसके जीवन का चरम लक्ष्य होना चाहिए। परन्तु फिर भी उसे निरन्तर अपने सब कर्म करते रहना चाहिए - अपने कर्तव्यों का पालन करते रहना चाहिए; और अपने समस्त कर्मों के फलों को ईश्वर को अर्पण कर देना चाहिए।

कर्म करके कर्मफल की आकांक्षा न करना किसी मनुष्य की सहायता करके उससे किसी प्रकार की कृतज्ञता की आशा न रखना, कोई सत्कर्म करके भी इस बात की ओर नजर तक न देना कि वह हमें यश और कीर्ति देगा अथवा नहीं इस संसार में सबसे कठिन बात है। संसार जब तारीफ करने लगता है तब एक निहायत बुजदिल भी बहादुर बन जाता है। समाज के समर्थन तथा प्रशंसा से एक मूर्ख भी वीरोचित कार्य कर सकता है; परन्तु अपने आसपास के लोगों की निन्दा-स्तुति की बिलकुल परवाह न करते हुए सर्वदा सत्कार्य में लगे रहना वास्तव में सबसे बड़ा त्याग है।

न मिथ्या भाषण कुर्यात् न च शाठयै समाचरेत्।
देवतातिथिपूजासु गृहस्थों निरतो भवेत्।। -८। २४

गृहस्थ का प्रधान कर्तव्य जीविकोपार्जन करना है, परन्तु उसे ध्यान रखना चाहिए कि वह झूठ बोलकर, दूसरों को धोखा देकर तथा चोरी करके ऐसा न करे और उसे यह भी याद रखना चाहिए कि उसका जीवन ईश्वरसेवा तथा गरीबों के लिए ही है।

मातरं पितरखैव साक्षात् प्रत्यक्षदेवतान्।
मत्वा गृही निषेवेत सदा सर्वप्रयलतः।। -८। २५

यह समझकर कि माता और पिता ईश्वर के साक्षात् रूप हैं, गृहस्थ को चाहिए कि वह उन्हें सदैव सब प्रकार से प्रसन्न रखे।

तुष्टायां मातरिशिवे तुष्टे पितरिपावति।
तव प्रीतिर्भवँहीव परब्रह्म प्रसीदति।। ८।२६

यदि उसके माता-पिता प्रसन्न रहते हैं, तो ईश्वर उसके प्रति प्रसन्न होते हैं।

औद्धत्य परिहास च तर्जन परिभाषणम्।
पित्रोरग्रे न कुर्वीत यदीच्छेदात्मनो हितम्।।

मातरं-पितरं वीक्ष्य नत्वोत्तिष्ठेत् ससंभ्रमः।
विनाज्ञयानोपविशेत् संस्थितः पितृशासने।। - ८।३०-३९

अपने माता-पिता के सम्मुख औद्धत्य, परिहास, चंचलता अथवा क्रोध प्रकट न करे। वह पुत्र वास्तव में श्रेष्ठ है, जो अपने माता-पिता के प्रति एक भी कटु शब्द नहीं कहता। माता-पिता के दर्शन कर उसे चाहिए कि वह उन्हें आदरपूर्वक प्रणाम करे। उनके आने पर वह खड़ा हो जाय और जब तक वे उससे बैठने को न कहें, तब तक न बैठे।

मातरं पितरं पुत्र दारानतिथिसीदरार।
हित्वा गृही न मुझीयात् प्राणैः कण्ठगतैरपि।। - ८।३३
वझयित्वा गुरूरबखून्यो मुङ्क्ते स्वोदरम्भरः।
इहैव लोके गर्स्योऽसौ परत्र नारकी भवेत्।। - ८।३४

जो गृहस्थ अपने माता, पिता, बच्चों, स्त्री तथा अतिथि को बिना भोजन कराये स्वयं कर लेता है, वह पाप का भागी होता है।

जनन्या वर्धितो देहो जनकेन प्रयोजितः।
स्वजन! शिक्षितः प्रीत्या सोधऽमस्तारपरित्यजेत्।।
एषामर्थे महेशानि कृत्या कष्टशतान्यपि।
प्रीणयेत् सततं शक्मा धर्मो ह्येष सनातनः।। - ८।३६-२७

पिता-माता द्वारा ही यह शरीर उत्पन्न हुआ है, अतएव उन्हें प्रसन्न करने के लिए मनुष्य को हजार-हजार कष्ट भी सहने चाहिए।

न भार्या ताडयेत् क्यापि मातृवत् पालयेत् सदा।
न त्यजेत् घोरकष्टेपि यदि साध्यी पतिव्रता।।
स्थितेषु स्यीयदारेषु स्बियमन्यां न संस्मृशेत्दु
ष्टेन चेतसा विद्वान् अन्यथा नारकी भवेत्।।
विरले शयने वास त्यजेत् प्राज्ञः परसिया।
अयुक्तभाषणञ्जैव सियं शौर्य न दर्शयेत्।।
धनेन वाससा प्रेध्याा श्रद्धयामृतभाषणैः।
सततं तोषयेत् दारार नाप्रियं क्वचिदाचरेत्।। - ८। ३९-४२

* * *

यस्मिन्नरे महेशानि तुष्टा भार्या पतिव्रता।
सर्वो धर्मः कृतस्तेन भवतीप्रिय एव सः।। - ८।५४

इसी प्रकार मनुष्य का अपनी स्त्री के प्रति भी कर्तव्य है। गृहस्थ को अपनी स्त्री को कभी धुड़कना न चाहिए। और उसका मातृवत् पालन करना चाहिए। यदि उसकी स्त्री साध्वी और पतिव्रता है तो वह कष्ट में भी उसका त्याग न करे। जो मनुष्य अपनी स्त्री के अतिरिक्त किसी दूसरी स्त्री का कलुषित मन से चिन्तन करता है वह घोर नरक में जाता है। ज्ञानी मनुष्य को चाहिए कि वह स्त्री के साथ निर्जन में शयन या वास न करे। स्त्रियों के सम्मुख अनुचित वाक्य न कहे और न 'मैंने यह किया वह किया' आदि कहकर अपने मुख से अपनी बड़ाई ही करे। अपनी स्त्री को धन, वल, प्रेम, श्रद्धा एवं अमृततुल्य वाक्य द्वारा प्रसन्न रखे और उसे किसी प्रकार क्षुब्ध न करे। हे पार्वती, जो पुरुष अपनी पतिव्रता स्त्री का प्रेमभाजन बनने में सफल होता है उसे समझो कि अपने स्वधर्म के आचरण में सफलता मिल गयी। ऐसा व्यक्ति तुम्हारा प्रिय होता है।

चतुर्वर्षावधि सुतार लालयेत् पालयेत् सदा।
ततः षोडषपर्यन्तं गुणार विद्याख शिक्षयेत्।।
विशत्यब्दाधिकार पुत्रान् प्रेरयेत् गृहकर्मसु।
ततस्तांस्तुल्यभावेन मत्वा स्नेह प्रदर्शयेत्।।
कन्याप्येव पालनीया शिक्षणीयातियलतः।
देया बराय विदुषे धनरत्नसमन्विता।। ८।४५-४७

पुत्र-कन्या के प्रति गृहस्थ के निम्नलिखित कर्तव्य हैं -

चार वर्ष की अवस्था तक पुत्रों का खूब लाड़-प्यार करना चाहिए, फिर सोलह वर्ष की अवस्था तक उन्हें नानाविध सद्गुणों और विद्याओं की शिक्षा देनी चाहिए। जब वे बीस वर्ष के हो जाये, तो उन्हें किसी गृहकर्म में लगा देना चाहिए। तब पिता को चाहिए कि वह उन्हें अपनी बराबरी का समझकर उनके प्रति स्नेह-प्रदर्शन करे। ठीक इसी तरह कन्याओं का भी लालन-पालन करना चाहिए उनकी शिक्षा बहुत ध्यानपूर्वक होनी चाहिए, और जब उनका विवाह हो तो पिता को उन्हें धन-आभूषणादि देने चाहिए।

एवं क्रमेण भ्रातृद्ध स्वसृभ्रातृसुतानपि।
ज्ञातीर मित्राणि भृत्यांश पालयत्तीषयेद् गृही।।
ततः स्वधर्मनिरतानेकग्रामनिवासिनः।
अभ्यागतानुदासीनात् गृहस्थः परिपालयेत्।।
यद्येवं नाचरेहेवि गृहस्थी विभवे सति।।
पशुरेव स विज्ञेयः स पापी लोकगर्हितः।। ८।४८-५०

इसी प्रकार गृहस्थ को अपने भाई-बहन, भतीजे, भांजे तथा अन्य सगे- सम्बन्धी मित्र एवं नौकरों का भी पालन करना चाहिए और उन्हें सन्तुष्ट रखना चाहिए। फिर गृहस्थ को यह भी चाहिए कि वह स्वधर्मरत अपने ग्रामवासियों अभ्यागतों और उदासीनों का पालन करे। हे देवि, धनसम्पन्न होते हुए भी जो गृहस्थ अपने कुटुम्बियों तथा निर्धनों की भापका नहीं करता, वह निन्दनीय और पापी है उसे तो पशुतुल्य ही समझना चाहिए।

निद्रालस्य देदखल केशविन्यासमेव च।
आसक्तिमशने वसे नातिरिक्त समाचरेत्।।
युक्ताहारी युक्तनिद्री मितवाङ् मितमैथुनः।
स्वच्छो नम्रः शुचिर्दक्षो युक्तः स्यात् सर्वकर्मसु।। ८।५१ -५२

गृहस्थ को अत्यन्त निद्रा, आलस्य, देह की सेवा, केशविन्यास तथा भोजन-वस में आसक्ति का त्याग करना चाहिए। उसे आहार निद्रा, भाषण, मैथुन इत्यादि सब बातें परिमित रूप से करनी चाहिए। उसे अकपट नम्र, बाह्याभ्यन्तरशौचसम्पन्न, निरालस्य और उद्योगशील होना चाहिए।

सूरः शत्रौ विनीतः स्मात् बान्धवे गुरुसन्निधौ।। ८।५३

गृहस्थ को अपने शत्रु के सामने शुर होना चाहिए और गुरु एवं बत्युजनों के समक्ष नम्र।

शत्रु के समुख शूरता प्रकट करके उसे उस पर शासन करना चाहिए। यह गृहस्थ का आवश्यक कर्तव्य है। गृहस्थ को घर में कोने में बैठकर रोना और 'अहिंसा परमो धर्मः' कहकर खाली गाल न बजाना चाहिए। यदि वह शत्रु के सम्मुख वीरता नहीं दिखाता है तो वह अपने कर्तव्य की अवहेलना करता है। किन्तु अपने बन्धु-बान्धव,

आत्मीय-स्वजन एवं गुरु के निकट उसे गौ के समान शान्त एवं निरीह भाव अवलम्बन करना चाहिए।

जुगुप्सितार न मन्येत नावमन्येत मानिन:। - ८।५३

निन्दित असत् व्यक्ति को वह सम्मान न दे और सम्माननीय व्यक्ति का आदर करे।

असत् व्यक्ति के प्रति सम्मान प्रदर्शित करना गृहस्थ का कर्तव्य नहीं है, क्योंकि ऐसा करने से वह असद् विषय को आश्रय देता है। और यदि सम्मानयोग्य व्यक्ति को वह सम्मान नहीं देता है तो भी बड़ा अन्याय करता है।

सोहार्द व्यहारारांश्च प्रवृत्तिं प्रकृतिं नृणाम्।
सहवासेन तर्केज्ञ विदित्वा विश्वसेत्तत:।। - ८।५४

एक साथ रहकर विशेष निरीक्षण के द्वारा वह पहले मनुष्य का स्नेह, व्यवहार प्रवृत्ति और प्रकृति जान ले, फिर उस पर विश्वास करे।

ऐरे-गैरे जिस किसी भी व्यक्ति के साथ वह मित्रता न कर बैठे। जिसके साथ उसे मित्रता करने की इच्छा हो, उसके कार्यकलाप तथा अन्य लोगों के साथ उसके व्यवहार की वह पहले भली- भांति जाँच कर ले और फिर उससे मित्रता करे।

स्वीयै यश: पीर्क्य च गुप्तये कथितं च यत्।
कृत यदुपकातय धर्मज्ञो न प्रकषायेत्। ८।५६

धर्मज्ञ गृही व्यक्ति को चाहिए कि वह अपना यश, पौरुष, दूसरों की बतायी हुई गुप्त बात तथा दूसरों के प्रति उसने के कुछ उपकार किया है, इन सबका वर्णन सर्वसाधारण के सम्मुख न करे।

उसे अपने वैभव अथवा अभाव आदि की भी बात नहीं करनी चाहिए। उसे अपने धन पर गर्व करना उचित नहीं। ऐसे विषय वह गुप्त ही रखे। कही उसका धर्म है। यह केवल सांसारिक अभिज्ञता नहीं है; यदि कोई मनुष्य ऐसा नहीं करता, तो वह दुनातिपरायण कहा जा सकता है।

गृहस्थ सारे समाज की नींव-सदृश है; वही मुख्य धन उपार्जन करने वाला होता है। निर्धन दुर्बल, स्त्री-बच्चे आदि जो सब कार्य करने योग्य नहीं है, वे गृहस्थ के ऊपर ही निर्भर रहते हैं। अतएव गृहस्थ को कुछ कर्तव्य करने पड़ते हैं। और ये कर्तव्य ऐसे होने

चाहिए कि उनका साधन करते-करते वह अपने हृदय में शक्ति का विकास अनुभव करे और ऐसा न सोचे कि बह अपने आदर्शानुसार कार्य नहीं कर रहा है। इसी कारण -

जुगुप्सितप्रवृत्ती च निश्चतेऽपि पराजये।
गुरुणा लघुना व्यापि यशस्वी न विवादक्यूए।। - ८।५७

यदि उसने कोई अन्याय अथवा निन्दित कार्य कर डाला है, तो उसे दूसरों के सम्मुख प्रकट नहीं करना चाहिए। इसी प्रकार यदि वह ऐसी किसी बात में लगा है जिसमें बह अपनी सफलता निश्चित मानता है, तो उसे उसकी भी चर्चा नहीं करनी चाहिए। इस प्रकार आत्मदोष प्रकट करने से कोई लाभ तो होता नहीं, बल्कि उलटा इसके द्वारा मनुष्य हतोत्साहित ले जाता है और इस प्रकार उसके कर्तव्य-कर्मों में बाधा पड़ती है। उसने जो अन्याय कर्म किया है उसका फल तो उसे भोगना ही पड़ेगा। किन्तु उसे फिर ऐसी चेष्टा करनी चाहिए, जिससे वह सत्कर्म कर सके। संसार सर्वदा शक्तिमान् तथा दृढ़चित्त व्यक्ति के प्रति ही सहानुभूति प्रकट करता है।

विद्याधनयशोधर्मान् यतमान उपार्जयेत्।
व्यसनं चासतां संग मिथ्याद्रोहं परित्यजेत्।। - ८।५८

उसे चाहिए कि वह यत्नपूर्वक विद्या धन यश और धर्म का उपार्जन करे तथा व्यसन (द्यूत-क्रीड़ा आदि) कुसंग, मिथ्याभाषण एवं परद्रोह का परित्याग करे।

उसे सबसे पहले ज्ञानलाभ के लिए चेष्टा करनी चाहिए। फिर उसे धनोपार्जन के लिए भी यत्न करना चाहिए। यही उसका कर्तव्य है, और यदि वह अपने इस कर्तव्य को नहीं करता, तो उसकी गणना मनुष्यों में नहीं। जो गृहस्थ धनोपार्जन की चेष्टा नहीं करता, वह दुनातिपरायण एवं निकम्मा है। यदि वह आलस्वभाव से जीवन यापन करता है और उसी में सन्तुष्ट रहता है, तो वह असत्-प्रकृतिवाला है; क्योंकि उसके ऊपर अनेकों व्यक्ति निर्भर रहते हैं। यदि वह यथेष्ट धन उपार्जन करता है, तो उससे सैकड़ों का पालन-पोषण होता है।

यदि तुम्हारे इस शहर में सैकड़ों लोगों ने धनी बनने की चेष्टा न की होती, तो यह सभ्यता, ये अनाथाश्रम और ये हवेलियाँ कहाँ से आतीं? ऐसी दशा में धनोपार्जन करना कोई अन्याय नहीं है क्योंकि यह धन वितरण के लिए ही होता है। गृहस्थ ही

समाज-जीवन का केन्द्र है। उसके लिए धन कमाना तथा उसका सत्कर्मों में व्यय करना ही उपासना है। जिस प्रकार एक संन्यासी को अपनी कुटी में बैठकर की हुई उपासना उसके मुक्तिलाभ में सहायक होती है, उसी प्रकार एक गृहस्थ की भी सदुपाय तथा सदुद्देश्य से धनी होने की चेष्टा उसके मुक्तिलाभ में सहायक होती है; क्योंकि इन दोनों में ही हम ईश्वर तथा जो कुछ ईश्वर का है उस सबके प्रति भक्ति से उत्पन्न हुए आत्म-समर्पण एवं आत्मत्याग का ही प्रकाश पाते है; भेद है केवल प्रकाश के रूप भर में। बहुधा देखा जाता है कि लोग ऐसे कार्यों में प्रवृत्त हो जाते है, जो उनकी शक्ति के बाहर होते हैं। इसका फल यही होता है कि उन्हें फिर अपनी उद्देश्य सिद्धि के लिए दूसरों को धोखा देना पड़ता है।

फिर -

अवस्थानुगताश्चेष्टाः समयानुगताः क्रियाः।
तस्मादव्स्था समयं वीक्ष्य कर्म समाचरेत्।। - ८।५९

प्रयत्न अवस्था पर और क्रिया समय पर अवलम्बित रहती है। अतएव अवस्था और समय के अनुसार ही कार्य करना चाहिए।

सभी बातों में इस 'समय' की ओर विशेष दृष्टि रखनी चाहिए। एक समय जिसमें असफलता हुई है सम्भव है उसी में दूसरे समय पूरी सफलता प्राप्त हो जाय।

सत्य मृदु प्रियं धीरो वाक्य हितका वदेत्।
आत्मीत्कषं तथा निन्दां परेषौ परिवर्जयेत्।। - ८।६२

धीर गृहस्थ को सत्य, मृदु, प्रिय तथा हितकर वचन बोलने चाहिए। वह अपने उत्कर्ष की चर्चा न करे और दूसरों की निन्दा करना छोड़ दे।

जलाशयाश्र वृक्षाश्च विश्रामगृहध्वनि।
सेतुः प्रतिष्ठितो येन तेन लोकत्रयं जितम्।। - ८।६३

जो व्यक्ति सब लोगों की सुविधा के लिए जलाशय खुदवाता है, वृक्ष लगाता है धर्मशालाएँ तथा सेतु निर्माण करता है, वह तीनों लोगों को जीत लेता है।

बड़े-बड़े योगियों को जो पद प्राप्त होता है उसी की ओर इन सब कर्मों को करनेवाला भी अग्रसर होता रहता है।

ऊपर कहे हुए वाक्यों द्वारा यह स्पष्ट है कि कर्मयोगसम्बन्धी इन नीतिवाक्यों को कार्य-रूप में परिणत करना ही गृहस्थ का मुख्य कर्तव्य है। सर्वदा क्रियाशील रहना कर्मयोग का एक अंग है - यही गृहस्थ का कर्तव्य है। उक्त तन्त्र-अन्य में एक और श्लोक इस प्रकार है:-

न बिभेति रणाद् यो वै संग्रामेऽम्प्यपसणमुखः।
धर्मयुद्धे मृतो वापि तेन लोकत्रयं जितम्।। - ८।६७

जो मनुष्य युद्ध में नहीं डरता, पीठ नहीं दिखाता और जो धर्मयुद्ध में मृत्यु को प्राप्त होता है, वह तीनों लोकों को जीत लेता है।

यदि स्वदेश अथवा स्वधर्म के लिए युद्ध करते-करते मनुष्य की मृत्यु हो जाय, तो योगीजन जिस पद को ध्यान द्वारा पाते है वही पद उस मनुष्य को भी मिलता है। इससे यह स्पष्ट है कि जो एक मनुष्य का कर्तव्य है वह दूसरे मनुष्य का कर्तव्य नहीं भी हो सकता; परन्तु साथ ही, शास किसी के भी कर्तव्य को हीन अथवा उन्नत नहीं कहते। विभिन्न देश, काल तथा पात्र के अनुसार कर्तव्य भी विभिन्न होते हैं; और हम जिस अवस्था में रहें; उसी के उपयोगी कर्तव्य हमें करने चाहिए।

इन सब से हमें एक भाव यह मिलता है कि दुर्बलता मात्र ही सर्वथा घृण्य और परित्याज्य है। हमारे दर्शन, धर्म अथवा कर्म के भीतर - हमारी समस्त शास्त्रीय शिक्षाओं के भीतर - यही एक मुख्य भाव है जो मुझे पसन्द आता है। यदि तुम वेदों को पढ़ो तो देखोगे कि उसमें नाभयेत् 'अभीः' अर्थात किसी से भी डरना नहीं चाहिए - यह बात बार-बार कथित हुई है।भय दुर्बलता का चिह्न है और यह दुर्बलता ही मनुष्य को ईश्वरप्राप्ति के मार्ग से हटाकर उसे नाना प्रकार के पापकर्मों की ओर खींच लेती है। इसलिए संसार के उपहास अथवा व्यंग की ओर तनिक भी ध्यान न देकर मनुष्य को निर्भय होकर अपना कर्तव्य करते रहना चाहिए।

यदि कोई मनुष्य संसार से विरक्त होकर ईश्वरोपासना में लग जाय, तो उसे यह नहीं समझना चाहिए कि जो लोग संसार में रहकर संसार के हित के लिए कार्य करते है वे ईश्वर की उपासना नहीं करते और न अपने स्त्री-बच्चों के लिए संसार में रहनेवाले गृहस्थों को ही यह सोचना चाहिए कि जिन लोगों ने संसार का त्याग कर दिया है वे आलसी और घृणित जीव है। अपने-अपने स्थान में सभी बड़े हैं।

इस सम्बन्ध में मुझे एक कहानी का स्मरण आता है। एक राजा था। उसके राज्य में जब कभी कोई संन्यासी आते तो उनसे वह सदैव एक प्रश्न पूछा करता था - "संसार का त्याग कर जो संन्यास ग्रहण करता है वह श्रेष्ठ है या संसार में रहकर जो गृहस्थ के समस्त कर्तव्यों को करता जाता है वह श्रेष्ठ है?" अनेक विद्वान् लोगों ने उसके इस प्रश्न का उत्तर देने का प्रयत्न किया। कुछ लोगों ने कहा कि संन्यासी श्रेष्ठ है। यह सुनकर राजा ने इसे सिद्ध करने को कहा। जब वे सिद्ध न कर सके तो उन्हें विवाह करके गृहस्थ हो जाने की आशा दी। कुछ और लोग आये और उन्होंने कहा "स्वधर्मपरायण गृहस्थ ही श्रेष्ठ है।" राजा ने उनसे भी उनकी बात के लिए प्रमाण माँगा। पर जब वे प्रमाण न दे सके तो राजा ने उन्हें भी गृहस्थ हो जाने की आज्ञा दी।

अन्त में एक तरुण संन्यासी आये। राजा ने उनसे भी उसी प्रकार प्रश्न किया। संन्यासी ने कहा, "हे राजन् अपने-अपने स्थान में दोनों ही श्रेष्ठ हैं कोई भी कम नहीं है।" राजा ने उसका प्रमाण माँगा।संन्यासीनेउत्तरदिया, "हाँ, मैंइसेसिद्धकरदूँगा, परन्तुतुम्हेंमेरेसाथआना होगा और कुछ दिन मेरे ही समान जीवन व्यतीत करना होगा। तभी मैं तुम्हें अपनी बात का प्रमाण दे सकूँगा।" राजा ने संन्यासी की बात स्वीकार कर ली और उनके पीछे-पीछे हो लिया। वह उन संन्यासी के साथ अपने राज्य की सीमा को पार कर अनेक देशों में से होता हुआ एक बड़े राज्य में आ पहुँचा। उस राज्य की राजधानी में एक बड़ा उत्सव मनाया जा रहा था। राजा और संन्यासी ने संगीत और नगाड़ों के शब्द सुने तथा डौंडी पीटनेवालों की आवाज भी। लोग सड़कों पर सुसज्जित होकर कतारों में खड़े थे। उसी समय कोई एक विशेष घोषणा की जा रही थी। उपरोक्त राजा तथा संन्यासी भी यह सब देखने के लिए वहाँ खड़े हो गये। घोषणा करनेवाले ने चिल्लाकर कहा, "इस देश की राजकुमारी का स्वयंवर होनेवाला है।"

राजकुमारियों का अपने लिए इस प्रकार पति चुनना भारतवर्ष में एक पुराना रिवाज था। अपने भावी पति के सम्बन्ध में प्रत्येक राजकुमारी के अलग-अलग विचार होते थे। कोई अत्यन्त रूपवान् पति चाहती थी कोई अत्यन्त विद्वान्, कोई अत्यन्त धनवान, आदि- आदि। अड़ोस-पड़ोस के राज्यों के राजकुमार सुन्दर-से-सुन्दर ढंग से अपने को सजाकर राजकुमारी के सम्मुख उपस्थित होते थे। कभी-कभी उन राजकुमारों के भी भाट होते थे जो उनके गुणों का गान करते तथा यह दर्शाते थे कि उन्हीं का वरण किया जाय। राजकुमारी को एक सजे हुए सिंहासन पर बिठाकर

आलीशान ढंग से सभा के चारों ओर ले जाया जाता था। वह उन सब के सामने जाती तथा उनका गुणगान सुनती। यदि उसे कोई राजकुमार नापसन्द होता, तो वह अपने वाहकों से कहती "आगे बढ़ो" और उसके पश्चात् उस नापसन्द राजकुमार का कोई ख्याल तक न किया जाता था। यदि राजकुमारी किसी राजकुमार से प्रसन्न हो जाती तो वह उसके गले में वरमाला डाल देती और वह राजकुमार उसका पति हो जाता था।

जिस देश में यह राजा और संन्यासी आये हुए थे, उस देश में इसी प्रकार का एक स्वयंवर हो रहा था। यह राजकुमारी संसार में अद्वितीय सुन्दरी थी और उसका भावी पति ही उसके पिता के बाद उसके राज्य का उत्तराधिकारी होनेवाला था। इस राजकुमारी का विचार एक अत्यन्त सुन्दर पुरुष से विवाह करने का था, परन्तु उसे योग्य व्यक्ति मिलता ही न था। कई बार उसके लिए स्वयंवर रच गये पर राजकुमारी को अपने मन का पति न मिला। इस बार का स्वयंवर बड़ा सुन्दर था; अन्य सभी अवसरों की अपेक्षा इस बार अधिक लोग आये थे।

राजकुमारी रत्नजटित सिंहासन पर बैठकर आयी और उसके वाहक उसे एक राजकुमार के सामने से दूसरे के सामने ले गये। परन्तु उसने किसी की ओर देखा तक नहीं। सभी लोग निराश हो गये और सोचने लगे कि क्या अन्य अवसरों की भाँति इस बार का स्वयंवर भी असफल ही रहेगा। इतने ही में वहाँ एक दूसरा तरुण संन्यासी आ पहुँचा। वह इतना सुन्दर था कि मानो सूर्यदेव ही आकाश छोड़कर स्वयं पृथ्वी पर उतर आये हों। वह आकर सभा के एक ओर खड़ा हो गया और जो कुछ हो रहा था, उसे देखने लगा। राजकुमारी का सिंहासन उसके समीप आया और ज्योंही उसने उस सुन्दर संन्यासी को देखा, त्योंही वह रुक गयी और उसके गले में वरमाला डाल दी। तरुण संन्यासी ने एकदम माला को रोक लिया और यह कहते हुए, छि: छि: यह क्या है?' उसे फेंक दिया। उसने कहा "मैं संन्यासी हूँ? मुझे विवाह से क्या प्रयोजन?" उस देश के राजा ने सोचा कि शायद निर्धन होने के कारण यह राजकुमारी से विवाह करने का साहस नहीं कर रहा है। अतएव उसने उससे कहा, "देखो, मेरी कन्या के साथ तुम्हें मेरा आधा राज्य अभी मिल जाएगा, और सम्पूर्ण राज्य मेरी मृत्यु के बाद!" और यह कहकर उसने सन्यासी के गले में फिर माला डाल दी। उस युवा संन्यासी ने माला फिर निकालकर फेंक दी और कहा, "छि: यह सब क्या झंझट है, मुझे विवाह से क्या मतलब?" और यह कहकर वह तुरन्त सभा छोड़कर चला गया।

इधर राजकुमारी इस युवा पर इतनी मोहित हो गयी कि उसने कह दिया "मैं इसी मनुष्य से विवाह करूँगी, नहीं तो प्राण त्याग दूँगी।" और राजकुमारी संन्यासी के पीछे-पीछे उसे लौटा लाने के लिए चल पड़ी। इसी अवसर पर अपने पहले संन्यासी ने, जो राजा को यहाँ लाये थे, राजा से कहा, "राजन् चलिये इन दोनों के पीछे-पीछे हम लोग भी चले।" निदान, वे उनके पीछे-पीछे काफी फासला रखते हुए चलने लगे। वह युवा संन्यासी जिसने राजकुमारी से विवाह करने से इनकार कर दिया था, कई मील निकल गया और अन्त में एक जंगल में घुस गया। उसके पीछे राजकुमारी थी, और उन दोनों के पीछे ये दोनों।

तरुण संन्यासी उस वन से भलीभांति परिचित था तथा वहाँ के सारे जटिल रास्तों का उसे ज्ञान था। वह एकदम एक रास्ते में घुस गया और अदृश्य हो गया। राजकुमारी उसे फिर देख न सकी। उसे काफी देर ढूंढ़ने के बाद अन्त में वह एक वृक्ष के नीचे बैठ गयी और रोने लगी, क्योंकि उसे बाहर निकलने का मार्ग नहीं मालूम था। इतने में यह राजा और संन्यासी उसके पास आये और उससे कहा, "बेटी, रोओ मत हम तुम्हें इस जंगल के बाहर निकाल ले चलेंगे, परन्तु अभी बहुत अँधेरा हो गया है जिससे रास्ता ढूंढ़ना सहज नहीं। यही एक बड़ा पेड़ है आओ, इसी के नीचे हम सब विश्राम करें और सबेरा होते ही हम तुम्हें मार्ग बता देंगे।"

अब, उस पेड़ की एक डाली पर एक छोटी चिड़िया, उसकी स्त्री तथा उसके तीन बच्चे रहते थे। उस चिड़िया ने पेड़ के नीचे इन तीन लोगों को देखा और अपने स्त्री से कहा, "देखो हमारे यहाँ ये लोग अतिथि हैं जाड़े का मौसम है हम लोग क्या करें? हमारे पास आग तो है नहीं।" यह कहकर वह उड़ गया और एक जलती हुई लकड़ी का टुकड़ा अपनी चोंच में दबा लाया और उसे अतिथियों के सामने गिरा दिया। उन्होंने उसमें लकड़ी लगा-लगाकर खूब आग तैयार कर ली; परंतु चिड़िया को फिर भी सन्तोष न हुआ। उसने अपनी स्त्री से फिर कहा, "बताओ अब हमें क्या करना चाहिए?" ये लोग भूखे हैं और इन्हें खिलाने के लिए हमारे पास कुछ भी नहीं है। हम लोग गृहस्थ हैं और हमारा धर्म है कि जो कोई हमारे घर आये, उसे हम भोजन करायें। जो कुछ मेरी शक्ति में है मुझे अवश्य करना चाहिए; मैं उन्हें अपना यह शरीर ही दे दूँगा। ऐसा कहकर वह आग में कूद पड़ा और भुन गया। अतिथियों ने उसे आग में गिरते देखा, उसे बचाने का यत्न भी किया, परन्तु बचा न सके। उस चिड़िया की

स्त्री ने अपने पति का सुकृत देखा और अपने मन में कहा “ये तो तीन लोग हैं उनके भोजन के लिए केवल एक ही चिड़िया पर्याप्त नहीं। पत्नी के रूप में मेरा यह कर्तव्य है कि अपने पति के परिश्रमों को मैं व्यर्थ न जाने दूँ। वे मेरा भी शरीर ले लें। और ऐसा कहकर वह भी आग में गिर गयी और भुन गयी।

इसके बाद जब उन तीन छोटे बच्चों ने देखा कि उन अतिथियों के लिए इतना तो पर्याप्त न होगा तो उन्होंने आपस में कहा “हमारे माता-पिता से जो कुछ बन पड़ा उन्होंने किया, परन्तु फिर भी उतना पूरा न पड़ेगा। अब हमारा धर्म है कि हम उनके कार्य को पूरा करें - हमें अपने शरीर भी दे देने चाहिए।” और यह कहकर वे सब भी आग में कूद पड़े।

यह सब देखकर ये तीनों लोग बहुत चकित हुए। इन चिड़ियों को वे खा ही कैसे सकते थे! रात को वे बिना भोजन किये ही रहे। प्रातःकाल राजा तथा संन्यासी ने राजकुमारी को जंगल का मार्ग दिखला दिया और वह अपने पिता के घर वापस चली गयी।

तब संन्यासी ने राजा से कहा देखो राजन् तुम्हें अब ज्ञात हो गया है कि अपने-अपने स्थान में सब बड़े हैं। यदि तुम संसार में रहना चाहते हो तो इन चिड़ियों के समान रहो दूसरों के लिए अपना जीवन दे देने को सदैव तत्पर रहो। और यदि तुम संसार छोड़ना चाहते हो तो उस युवा संन्यासी के समान होओ जिसके लिए वह परम सुन्दरी स्त्री और एक राज्य भी तृणवत् था। यदि गृहस्थ होना चाहते हो तो दूसरों के हित के लिए अपना जीवन अर्पित कर देने के लिए तैयार रहो। और यदि तुम्हें संन्यास- जीवन की इच्छा है तो सौन्दर्य धन तथा अधिकार की ओर आँख तक न उठाओ। अपने-अपने स्थान में सब श्रेष्ठ है परन्तु एक का कर्तव्य दूसरे का कर्तव्य नहीं हो सकता।

कर्मरहस्य

दूसरों की शारीरिक आवश्यकताओं की पूर्ति करके उनकी सहायता करना महान कर्म अवश्य है परन्तु अभाव की मात्रा जितनी अधिक रहती है तथा सहायता या उपकार जितनी अधिक दूर तक अपना असर कर सकता है, उसी मात्रा में वह उपकार भी उच्चतर होता है। यदि एक मनुष्य के अभाव एक घण्टे के लिए हटाये जा सकें तो यह उसकी सहायता आवश्यक है और यदि एक साल के लिए हटाये जा सकें तो यह उससे भी अधिक सहायता है; पर यदि उसके अभाव सदा के लिए दूर कर दिये जायें, तो सचमुच वह उसके लिए सब से अधिक सहायता होगी। केवल आध्यात्मिक ज्ञान ही ऐसा है जो हमारे दुःखों को सदा के लिए नष्ट कर दे सकता है; अन्य किसी प्रकार के शान से तो हमारी आवश्यकताओं की पूर्ति केवल अल्प समय के लिए ही होती है। केवल आत्मविषयक ज्ञान द्वारा ही हमारी अभाववृत्ति तक का सदा के लिए अन्त हो सकता है। अतएव किसी मनुष्य की आध्यात्मिक सहायता करना ही उसकी सबसे बड़ी सहायता करना है। और जो मनुष्य को पारमार्थिक ज्ञान दे सकता है वही मानवसमाज का सबसे बड़ा हितैषी है। हम देखते भी है कि जिन व्यक्तियों ने मनुष्य की आध्यात्मिक सहायता की है वे ही वास्तव में महान् शक्तिशाली थे। कारण यह है कि आध्यात्मिकता ही हमारे जीवन के समस्त कृत्यों का सच्चा आधार है। आध्यात्मिक शक्तिशाली पुरुष चाहे तो किसी भी विषय में क्षमतासम्पत्र हो सकता है। और जब तक मनुष्य में आध्यात्मिक बल नहीं आता तब तक उसकी भौतिक आवश्यकताएँ भी तो भलीभाँति तृप्त नहीं हो सकती।

आध्यात्मिक सहायता से नीचे है - बौद्धिक विकास में सहायता करना। पर साथ ही यह ज्ञान-दान भोजन तथा वस्त्र के दान से कही श्रेष्ठ है इतना ही नहीं वरन् प्राणदान से भी उच्च है क्योंकि शान ही मनुष्य का प्रकृत जीवन है। अज्ञान ही मृत्यु है और ज्ञान जीवन। यदि जीवन अन्धकारमय है और अज्ञान तथा क्लेश में बीतता है तो वास्तव में ऐसे जीवन का मूल्य कुछ भी नहीं है। शान-दान से नीचे है शारीरिक सहायता का दान। अतएव हमारे सम्मुख जब दूसरों की सहायता का प्रश्न उपस्थित हो तो हमें इस मूल धारणा से सदा बचे रहने का प्रयत्न करना चाहिए कि शारीरिक सहायता ही एकमात्र सहायता है। वास्तव में शारीरिक सहायता तो सब सहायता में केवल अन्तिम ही नहीं वरन् निम्नतम श्रेणी की भी है क्योंकि इसके द्वारा चिरतृप्ति नहीं हो सकती। भूखे रहने से जो कष्ट होता है उसका परिहार भोजन कर लेने से ही हो जाता है परन्तु वह भूख पुनः लौट आती है। हमारे क्लेशों का अन्त तो केवल तभी हो सकता है जब हम तृप्त होकर सब प्रकार के अभावों से परे हो जायें। तब क्षुधा हमें पीड़ित नहीं कर सकती और न कोई क्लेश अथवा दुःख ही हमें विचलित कर सकता है। अतएव जो सहायता हमें आध्यात्मिक बल देती है वह सर्वश्रेष्ठ है; उससे नीचे है बौद्धिक अथवा मानसिक सहायता, और सबसे नीचे है शारीरिक सहायता का स्थान।

केवल शारीरिक सहायता द्वारा ही संसार के दुःखों से छुटकारा नहीं हो सकता। जब तक मनुष्य का स्वभाव ही परिवर्तित नहीं हो जाता तब तक ये शारीरिक आवश्यकताएँ सदा बनी ही रहेंगी और फलस्वरूप क्लेशों का सदैव अनुभव भी होता रहेगा। कितनी भी शारीरिक सहायता उनका पूर्ण उपचार नहीं कर सकती। इस दुःख-समस्या की केवल एक ही मीमांसा है और वह है - समस्त मानवजाति को पवित्र कर देना। अपने चारों ओर हम जो दुःख-क्लेश देखते हैं उन सबका केवल एक ही मूल कारण हैं - अज्ञान। मनुष्य को ज्ञानालोक दो उसे आध्यात्मिक-बल-सम्पन्न करो। यदि हम यह करने में समर्थ हों - यदि सभी मनुष्य पवित्र, आध्यात्मिक- बलसम्पत्र और सुशिक्षित हो जायें, केवल तभी संसार में से दुःख का अन्त हो सकेगा, अन्यथा नहीं। देश के प्रत्येक घर को हम सदावर्त में भले ही परिणत कर दें, देश को अस्पतालों से भले ही भर दें परन्तु जब तर्क मनुष्य का चरित्र परिवर्तित नहीं होता तब तक दुःख-क्लेश बनो ही रहेगा। भगवद्गीता में हमें इस बात का बारम्बार उपदेश मिलता है कि

हमें निरन्तर कर्म करते रहना चाहिए। कर्म स्वभावतः ही सत्-असत् से मिश्रित होता है। हम ऐसा कोई भी कर्म नहीं कर सकते जिससे कहीं कुछ भला न हो; और ऐसा भी कोई कर्म नहीं है जिससे कहीं-न-कहीं कुछ हानि न हो। प्रत्येक कर्म अनिवार्य रूप से गुण-दोष से मिश्रित रहता है। परन्तु फिर भी शास्त्र हमें सतत कर्म करते रहने का ही आदेश देते हैं। सत् और असत् दोनों का अपना अलग-अलग फल होगा। सत् कर्मों का फल सत् होगा और असत् कर्मों का फल असत्। परन्तु सत् और असत् दोनों ही आत्मा के लिए बन्धनस्वरूप हैं। इस सम्बन्ध में गीता का कथन है कि यदि हम अपने कर्मों में आसक्त न हों तो हमारी आत्मा पर किसी प्रकार का बन्धन नहीं पड़ सकता।

अब हम देखेंगे कि 'कर्मों में अनासक्ति' का तात्पर्य क्या है। गीता का मूल सूत्र यह है कि निरन्तर कर्म करते रहो परन्तु उसमें आसक्त मत होओ। जिस ओर मन का विशेष झुकाव होता है स्थूल रूप से उसे ही 'संस्कार' कह सकते हैं। यदि मन को एक तालाब मान लिया जाय, तो उसमें उठनेवाली प्रत्येक लहर जब शान्त हो जाती है तो वास्तव में वह बिलकुल नष्ट नहीं हो जाती, वरन् चित्त में एक प्रकार का चिह्न छोड़ जाती है तथा ऐसी सम्भावना का निर्माण कर जाती है जिससे वह लहर दुबारा फिर से उठ सके। इस चिढ़ तथा इस लहर के फिर से उठने की सम्भावना को मिलाकर हम 'संस्कार' कह सकते हैं। हमारा प्रत्येक कार्य हमारा प्रत्येक अंग-संचालन, हमारा प्रत्येक विचार हमारे चित्त पर इसी प्रकार का एक संस्कार छोड़ जाता है; और यद्यपि ये संस्कार, ऊपरी दृष्टि से स्पष्ट न हों तथापि ये अज्ञात रूप से अन्दर-ही-अन्दर कार्य करने में विशेष प्रबल होते हैं। हम प्रतिमुहूर्त जो कुछ हैं, वह इन संस्कारों के समुदाय द्वारा ही नियमित होता है। मैं इस मुहूर्त जो कुछ हूँ? वह मेरे अतीत जीवन के समस्त संस्कारों का प्रभाव है। इसे ही प्रकृत दृष्टि से 'चरित्र' कहते हैं और प्रत्येक मनुष्य का चरित्र इन संस्कारों की समष्टि द्वारा ही नियमित होता है। यदि शुभ संस्कारों का प्राबल्य रहे तो मनुष्य का चरित्र अच्छा होता है और यदि अशुभ संस्कारों का, तो बुरा। यदि एक मनुष्य निरन्तर बुरे शब्द सुनता रहे, बुरे विचार सोचता रहे बुरे कर्म करता रहे तो उसका मन भी बुरे संस्कारों से पूर्ण हो जाएगा और बिना उसके जाने ही वे संस्कार उसके समस्त विचारों तथा कार्यों पर अपना प्रभाव डाल देंगे। असल में ये बुरे संस्कार निरन्तर अपना कार्य करते रहते है। अतएव बुरे संस्कार-सम्पन्न होने के कारण उस

व्यक्ति के कार्य भी बुरे होंगे - वह एक बुरा आदमी बन जाएगा - इसके सिवाय अन्यथा होना असम्भव है। ये बुरे संस्कार उसमें दुष्कर्म करने की प्रबल प्रवृत्ति उत्पन्न कर देंगे; वह तो इन संस्कारों के हाथ एक यन्त्र सा होकर रह जाएगा, वे उसे बलपूर्वक दुष्कर्म करने के लिए बाध्य करेंगे। इसी प्रकार यदि एक मनुष्य अच्छे विचार रखे और सत्कार्य करे तो उसके इन संस्कारों का प्रभाव भी अच्छा ही होगा तथा उसकी इच्छा न होते हुए भी वे उसे सत्कार्य करने के लिए प्रवृत्त करेंगे। जब मनुष्य इतने सत्कार्य एवं सत्चिन्तन कर चुकता है कि उसकी इच्छा न होते हुए भी उसमें सत्कार्य करने की एक अनिवार्य प्रवृत्ति उत्पन्न हो जाती है तब फिर यदि वह दुष्कर्म करना भी चाहे तो इन सब संस्कारों की समष्टि स्वरूप उसका मन उसे ऐसा करने से फौरन रोक देगा इतना ही नहीं, वरन् उसके ये संस्कार उसे उस मार्ग पर से हटा देंगे। तब वह अपने संस्कारों के हाथ एक कठपुतली- जैसा हो जाएगा। जब ऐसी स्थिति हो जाती है, तभी उस मनुष्य का चरित्र गठित कहलाता है।

जिस प्रकार कछुआ अपने सब अंगों को खपड़े के अन्दर समेट लेता है और तब उसे चाहे हम मार ही क्यों न डालें, उसके टुकड़े-टुकड़े ही क्यों न कर डालें, पर वह बाहर नहीं निकलता, इसी प्रकार जिस मनुष्य ने अपने मन एवं इन्द्रियों को वश में कर लिया है उसका चरित्र भी सदैव स्थिर रहता है। वह अपनी आभ्यन्तरिक शक्तियों को वश में रखता है औरउसकी इच्छा के विरुद्ध संसार की कोई भी वस्तु उसके मन पर कार्य नहीं कर सकती। मन के ऊपर इस प्रकार सद्विचारों एवं सुसंस्कारों का निरन्तर प्रभाव पड़ते रहने से सत्कार्य करने की प्रवृत्ति प्रबल हो जाती है और इसके फलस्वरूप हम इन्द्रियों (कर्मेंद्रिय तथा ज्ञानेंद्रिय दोनों) को वश में करने में समर्थ होते हैं। तभी हमारा चरित्र प्रतिष्ठित होता है तभी हम सत्यलाभ कर सकते हैं। ऐसा ही मनुष्य सदैव निरापद रहता है इससे किसी भी प्रकार की बुराई नहीं हो सकती। वह फिर कहीं भी रहे उसके लिए कोई धोखा नहीं है। इन शुभ संस्कारों से सम्पन्न होने की अपेक्षा एक और भी अधिक उच्चतर अवस्था है और वह है - मुक्तिलाभ की इच्छा। तुम्हें यह स्मरण रखना चाहिए कि सभी योगों का ध्येय आत्मा की मुक्ति है और प्रत्येक योग समान रूप से उसी ध्येय की ओर ले जाता है। भगवान् बुद्ध ने ध्यान से तथा ईसा मसीह ने प्रार्थना द्वारा जिस अवस्था की प्राप्ति की थी मनुष्य केवल कर्म द्वारा भी उस अवस्था को प्राप्त कर सकता है। बुद्ध ज्ञानी थे और ईसा मसीह भक्त; पर वे दोनों एक ही ध्येय को पहुँचे थे। मुक्ति का

अर्थ है सम्पूर्ण स्वाधीनता - शुभ और अशुभ दोनों प्रकार के बन्धनों से छुटकारा पा जाना। इसे समझना जरा कठिन है। लोहे की जंजीर भी एक जंजीर है और सोने की जंजीर भी एक जंजीर है। यदि हमारी उँगली में एक काँटा चुभ जाय तो उसे निकालने के लिए हम एक दूसरा काँटा काम में लाते हैं परन्तु जब वह निकल जाता है तो हम दोनों को ही फेंक देते है। हमें फिर दूसरे काँटे को रखने की कोई आवश्यकता नहीं रह जाती क्योंकि दोनों आखिर काँटे ही तो हैं। इसी प्रकार कुसंस्कारों का नाश शुभ संस्कारों द्वारा करना चाहिए और मन के खराब विचारों को अच्छे विचारों द्वारा दूर करते रहना चाहिए, जब तक कि समस्त कुविचार लगभग नष्ट न हो जायें अथवा पराजित न हो जायें या वशीभूत होकर मन में कहीं एक कोने में न पड़े रह जायें। परन्तु उसके उपरान्त शुभ संस्कारों पर भी विजय प्राप्त करना आवश्यक है। तभी जो 'आसक्त' था, वह 'अनासक्त' हो जाता है। कर्म करो अवश्य करो पर उस कर्म अथवा विचार को अपने मन के ऊपर कोई गहरा प्रभाव न डालने दो। लहरें आयें और जायें, माँसपेशियों और मस्तिष्क से बड़े-बड़े कार्य होते रहें पर देखना, वे आत्मा पर किसी प्रकार का गहरा प्रभाव न डालने पायें।

अब प्रश्न यह है कि यह हो कैसे सकता है। हम देखते हैं कि हम जिस किसी कर्म में लिप्त हो जाते है उसका संस्कार हमारे मन में रह जाता है। मान लो सारे दिन में मैं सैकड़ों आदमियों से मिला और उन्हीं में एक ऐसे व्यक्ति से भी मिला, जिससे मुझे प्रेम है। तब यदि रात को सोते समय मैं उन सब लोगों को स्मरण करने का प्रयत्न करूँ तो देखूँगा कि मेरे सम्मुख केवल उसी व्यक्ति का चेहरा आता है जिसे मैं प्रेम करता हूँ? भले ही उसे मैंने केवल एक ही मिनट के लिए देखा हो। उसके अतिरिक्त अन्य सब व्यक्ति अन्तर्हित हो जाएंगे। ऐसा क्यों? - इसलिए कि इस व्यक्ति के प्रति मेरी विशेष आसक्ति ने मेरे मन पर अन्य सभी लोगों की अपेक्षा एक अधिक गहरा प्रभाव डाल दिया था। शरीरविज्ञान की दृष्टि से तो सभी व्यक्तियों का प्रभाव एक सा ही हुआ था। प्रत्येक व्यक्ति का चेहरा नेत्रपट पर उतर आया था और मस्तिष्क में उसके चित्र भी बन गये थे। परन्तु फिर भी मन पर इन सबका प्रभाव एक-समान न था। संभवतः अधिकतर व्यक्तियों के चेहरे एकदम नये थे जिनके बारे में मैंने पहले कभी विचार भी न किया होगा; परन्तु वह एक चेहरा, जिसकी मुझे केवल एक झलक ही मिली थी, भीतर तक समा गया! शायद इस चेहरे का चित्र मेरे मन में वर्षों से रहा हो और मैं

उसके बारे में सैकड़ों बातें जानता होऊँ; अतः उसकी इस एक झलक ने ही मेरे मन में उन सैकड़ों सोती हुई यादगारों को जगा दिया। और इसलिए शेष अन्य सब चेहरों को देखने के समवेत फलस्वरूप मन में जितने सब संस्कार पड़े इस एक चेहरे को देखने से मेरे मानसपटल पर उन सबकी अपेक्षा सौगुना अधिक संस्कार पड़ गया। इसी कारण उसने मन के ऊपर सहज ही इतना प्रबल प्रभाव जमा दिया।

अतएव अनासक्त होओ; कार्य होते रहने दो - मस्तिष्क के केन्द्र अपना- अपना कार्य करते रहें - निरन्तर कार्य करते रहे परन्तु एक लहर को भी अपने मन पर प्रभाव मत डालने दो। संसार में इस प्रकार कर्म करो मानो तुम एक विदेशी पथिक हो दो दिन के लिए यहाँ आये हो। कर्म तो निरन्तर करते रहो परन्तु अपने को बन्धन में मत डालो; बन्धन बड़ा भयानक है। संसार हमारी निवासभूमि नहीं है; यह तो उन सोपानों में से एक है; जिनमें से होकर हम जा रहे हैं। सांख्यदर्शन के उस महावाक्य को मत भूलो, "समस्त प्रकृति आत्मा के लिए है, आत्मा प्रकृति के लिए नहीं।"

प्रकृति के अस्तित्व का प्रयोजन आत्मा की शिक्षा के निमित्त ही है इसका और कोई अर्थ नहीं। उसका अस्तित्व इसीलिए है कि आत्मा को ज्ञानलाभ हो जाय तथा ज्ञान द्वारा आत्मा अपने को मुक्त कर ले। यदि हम यह बात निरन्तर ध्यान में रखे तो हम प्रकृति में कभी आसक्त न होंगे; हमें यह शान हो जाएगा कि प्रकृति हमारे लिए एक पुस्तक सदृश है जिसका हमें अध्ययन करना है; और जब हमें उससे आवश्यक ज्ञान प्राप्त हो जाएगा तो फिर वह पुस्तक हमारे लिए किसी काम की नहीं रहेगी। परन्तु इसके विपरीत हो यह रहा है कि हम अपने को प्रकृति में ही मिला दे रहे हैं; यह सोच रहे हैं कि आत्मा प्रकृति के लिए है आत्मा शरीर के लिए है; और जैसी कि एक कहावत है हम सोचते हैं 'मनुष्य खाने के लिए ही जीवित रहता है न कि जीवित रहने के लिए खाता है'; और यह भूल हम निरन्तर करते रहते हैं। प्रकृति को ही 'अहं' मानकर हम प्रकृति में आसक्त बने रहते हैं। और ज्यों ही इस आसक्ति का प्रादुर्भाव होता है, त्योंही आत्मा पर प्रबल संस्कार का निर्माण हो जाता है जो हमें बन्धन में डाल देता है और जिसके कारण हम मुक्तभाव से कार्य न करके दास की तरह कार्य करते रहते है।

इस सारी शिक्षा का सार यही है कि तुम्हें एक स्वामी के समान कार्य करना चाहिए न कि एक दास की तरह। कर्म तो निरन्तर करते रहो, परन्तु एक दास के समान

मत करो। सब लोग किस प्रकार कर्म कर रहे है क्या यह तुम नहीं देखते? इच्छा होने पर भी कोई आराम नहीं ले सकता। ९९ प्रतिशत लोग तो दासों की तरह कार्य करते रहते हैं और उसका फल होता है दुःख; ये सब कार्य स्वार्थपर होते हैं। मुक्तभाव से कर्म करो, प्रेमसहित कर्म करो। प्रेम शब्द का यथार्थ अर्थ समझना बहुत कठिन है। बिना स्वाधीनता के प्रेम आ ही नहीं सकता। दास में सच्चा प्रेम होना सम्भव नहीं। यदि तुम एक गुलाम मोल ले लो और उसे जंजीरों से बाँधकर उससे अपने लिए कार्य कराओ तो वह कष्ट उठाकर किसी प्रकार कार्य करेगा अवश्य, पर उसमें किसी प्रकार का प्रेम नहीं रहेगा। इसी तरह जब हम संसार के लिए दासवत् कर्म करते हैं तो इसके प्रति हमारा प्रेम नहीं रहता और इसलिए वह सच्चा कर्म नहीं हो सकता। हम अपने बन्धु-बान्धवों के लिए जो कर्म करते हैं जहाँ तक कि हम अपने स्वयं के लिए भी जो कर्म करते हैं उसके बारे में भी ठीक यही बात है।

स्वार्थ के लिए किया गया कार्य दास का कार्य है। और कोई कार्य स्वार्थ के लिए है अथवा नहीं इसकी पहचान यह है कि प्रेम के साथ किया हुआ प्रत्येक कार्य आनन्ददायक होता है। सच्चे प्रेम के साथ किया हुआ कोई भी कार्य ऐसा नहीं है जिसके फलस्वरूप शान्ति और आनन्द न आये। प्रकृत सत्ता, प्रकृत ज्ञान तथा प्रकृत प्रेम - ये तीनों चिरकाल के लिए परस्पर सम्बद्ध हैं। असल में ये एक ही में तीन हैं। जहाँ एक रहता है वहाँ शेष दो भी अवश्य रहते हैं। ये उस अद्वितीय सच्चिदानन्द के ही त्रिविध रूप हैं। जब वह सत्ता सान्त तथा सापेक्ष रूप में प्रतीत होती है, तो हम उसे विल के रूप में देखते हैं। वह ज्ञान भी सांसारिक वस्तुविषयक ज्ञान के रूप में परिणत हो जाता है तथा वह आनन्द मानव-हृदय में विद्यमान समस्त प्रकृत प्रेम की नींव हो जाता है। अतएव सच्चे प्रेम से प्रेमी अथवा उसके प्रेमपात्र को भी कष्ट नहीं हो सकता।

उदाहरणार्थ, मान लो एक मनुष्य एक स्त्री से प्रेम करता है। वह चाहता है कि वह स्त्री केवल उसी के पास रहे; अन्य पुरुषों के प्रति उस स्त्री के प्रत्येक व्यवहार से उसमें ईर्ष्या का उद्रेक होता है। वह चाहता है कि वह स्त्री उसी के पास बैठे उसी के पास खड़ी रहे तथा उसी की इच्छानुसार खाये-पिये और चले-फिरे। वह स्वयं उस स्त्री का गुलाम हो गया है और चाहता है कि वह स्त्री भी उसकी गुलाम होकर रहे। यह तो प्रेम नहीं है। यह तो गुलामी का एक प्रकार का विकृत भाव है जो ऊपर से प्रेम-जैसा दिखायी देता है। यह प्रेम नहीं हो सकता क्योंकि वह क्लेशदायक है; यदि वह उस मनुष्य की

इच्छानुसार न चले, तो उससे उस मनुष्य को कष्ट होता है। वास्तव में सच्चे प्रेम की प्रतिक्रिया दुःखप्रद तो होती ही नहीं।उससे तो केवल आनन्द ही होता है। और यदि उससे ऐसा न होता हो, तो समझ लेना चाहिए कि वह प्रेम नहीं है बल्कि वह और ही कोई चीज है जिसे हम भ्रमवश प्रेम कहते हैं। जब तुम अपने पति, अपनी स्त्री अपने बच्चों, यहाँ तक कि समस्त विश्व को इस प्रकार प्रेम करने में सफल हो सकोगे कि उससे किसी भी प्रकार दुःख, ईर्ष्या अथवा स्वार्थपरता रूप कोई प्रतिक्रिया नहीं होगी, केवल तभी तुम ठीक-ठीक अनासक्त हो सकोगे।

भगवान् श्रीकृष्ण अर्जुन से कहते हैं, "हे अर्जुन, यदि मैं कर्म करने से एक क्षण के लिए भी रुक जाऊँ तो सारा विश्व ही नष्ट हो जाय। मुझे कर्म से किसी भी प्रकार का लाभ नहीं; मैं ही जगत् का एकमात्र प्रभु हूँ - फिर भी मैं कर्म क्यों करता हूँ? - इसलिए कि मुझे संसार से प्रेम है।" ईश्वर अनासक्त है। क्यों? - इसलिए कि वे सच्चे प्रेमी हैं। उस सच्चे प्रेम से ही हम अनासक्त हो सकते हैं। जहाँ कहीं आसक्ति है वहाँ जान लेना चाहिए कि वह केवल भौतिक आकर्षण है - केवल कुछ जड़ कणों के प्रति आकर्षण हो रहा है - मानो कोई एक चीज दो वस्तुओं को लगातार निकटतर खींचे ला रही है; और यदि वे दोनों वस्तुएँ काफी निकट नहीं आ सकतीं, तो फिर कष्ट उत्पन्न होता है। परन्तु जहाँ सच्चा प्रेम है, वहाँ भौतिक आकर्षण बिलकुल नहीं रहता। ऐसे प्रेम चाहे सहस्रों योजन दूर पर क्यों न रहे उनका प्रेम सदैव वैसा ही रहता है वह प्रेम कभी नष्ट नहीं होता, उससे कभी कोई क्लेशदायक प्रतिक्रिया नहीं होती।

इस प्रकार की अनासक्ति प्राप्त करना लगभग सारे जीवन भर का कार्य है। परन्तु इसका लाभ होते ही हमें अपनी प्रेमसाधना का लक्ष्य प्राप्त हो जाता है और हम मुक्त हो जाते हैं। तब हम प्रकृति के बन्धन से छूट जाने हैं और उसके असली स्वरूप को जान लेते हैं। फिर वह हमें बन्धन में नहीं डाल सकती। तब हम बिलकुल स्वाधीन हो जाते हैं और कर्म के फलाफल की ओर ध्यान नहीं देते। फिर कौन परवाह करता है कि कर्मफल क्या होगा?

जब तुम अपने बच्चों को कोई चीज देते हो तो क्या उसके बदले में उनसे कुछ माँगते हो? यह तो तुम्हारा कर्तव्य है कि तुम उनके लिए काम करो और बस वहीं पर बात खत्म हो जाती है। इसी प्रकार किसी दूसरे पुरुष, किसी नगर अथवा देश के लिए तुम जो कुछ करो उसके प्रति भी वैसा ही भाव रखो; उनसे किसी प्रकार के बदले की

आशा न रखो। यदि तुम सदैव ऐसा ही भाव रख सको कि तुम केवल दाता ही हो जो कुछ तुम देते हो, उससे तुम किसी प्रकार के प्रत्युपकार की आशा नहीं रखते तो उस कर्म से तुम्हें किसी प्रकार की आसक्ति नहीं होगी। आसक्ति तभी आती है जब हम बदले की आशा रखते हैं।

यदि दासवत् कार्य करने से स्वार्थपरता और आसक्ति उत्पन्न होती है तो अपने मन का स्वामी बनकर कार्य करने से अनासक्ति द्वारा उत्पन्न आनन्द का लाभ होता है। हम बहुधा अधिकार और न्याय की बातें किया करते हैं परन्तु वे सब केवल एक बच्चे की बोली के समान है। मनुष्य के चरित्र का नियमन करने वाली दो चीजें होती हैं। एक जोर-जुल्म और दूसरी दया। जोर-जुल्म का उपयोग करना सदैव स्वार्थपरतावश ही होता है। बहुधा सभी स्त्री-पुरुष अपनी शक्ति एवं सुविधा का यथासम्भव उपयोग करने का प्रयत्न करते हैं। दया दैवी सम्पत्ति है। भले बनने के लिए हमें दयायुक्त होना चाहिए; यहाँ तक कि न्याय और अधिकार भी दया पर ही प्रतिष्ठित होने चाहिए। कर्मफल की लालसा तो हमारी आध्यात्मिक उन्नति के मार्ग में बाधक है; इतना ही नहीं अन्त में उससे क्लेश भी उत्पन्न होता है। दया और निःस्वार्थपरता को कार्य रूप में परिणत करने का एक और उपाय है - और वह है कर्मों को उपासनारूप मानना, यदि हम साकार ईश्वर में विश्वास रखते हैं। यहाँ हम अपने समस्त कर्मों के फल ईश्वर को ही समर्पित कर देते है। और इस प्रकार उनकी उपासना करते हुए हमें इस बात का कोई अधिकार नहीं रह जाता कि हम अपने किये हुए कर्मों के बदले में मानवजाति से कुछ माँगे। प्रभु स्वयं निरन्तर कार्य करते रहते हैं और वे सारी आसक्ति से परे हैं। जिस प्रकार पानी कमल के पत्ते को नहीं भिगो सकता, उसी प्रकार कोई कर्म भी फलासक्ति उत्पन्न करके निःस्वार्थी पुरुष को बन्धन में नहीं डाल सकता। अहं-शून्य और अनासक्त पुरुष किसी जनपूर्ण और पापमय नगर के बीच ही क्यों न रहे पर पाप उन्हें स्पर्श तक न कर सकेगा। निम्नलिखित कहानी सम्पूर्ण स्वार्थत्याग का एक दृष्टान्त है। कुरुक्षेत्र के युद्ध के बाद पाँचों पाण्डवों ने एक बड़ा भारी यश किया। उसमें निर्धनों को बहुतसा दान दिया गया। सभी लोगों ने उस यश की महत्ता एवं ऐश्वर्य पर आश्चर्य प्रकट किया और कहा कि ऐसा यज्ञ संसार में इसके पहले कभी नहीं हुआ था। यज्ञ के बाद उस स्थान पर एक छोटासा नेवला आया। नेवले का आधा शरीर सुनहला था और शेष आधा भूरा। वह नेवला उस अग्रभूमि की मिट्टी पर लोटने लगा। थोड़ी देर बाद उसने दर्शकों

से कहा "तुम सब झूठे हो। यह कोई यज्ञ नहीं है।" लोगों ने कहा, "क्या!" तुम कहते क्या हो! यह कोई यश ही नहीं है? तुम जानते हो, इस यज्ञ में कितना खर्च हुआ है गरीबों को कितने हीरे-जवाहरात बाँटे गये हैं जिससे वे सब के सब धनी एवं खुशहाल हो गये है? यह तो इतना बड़ा यज्ञ था कि ऐसा शायद ही किसी मनुष्य ने किया हो। परन्तु नेवले ने कहा, "सुनो, एक छोटे से गाँव में एक निर्धन ब्राह्मण रहता था, साथ ही उसकी स्त्री, पुत्र और पुत्र-वधू। वे लोग बड़े गरीब थे। पूजा-पाठ से उन्हें जो कुछ मिलता, उसी पर उनका निर्वाह होता था। एक बार उस गाँव में तीन साल तक अकाल पड़ा, जिससे उस बेचारे ब्राह्मण के दुःख कष्ट की पराकाष्ठा हो गयी। एक बार तो सारे कुटुम्ब को पाँच दिन तक उपवास करना पड़ा। छठे दिन वह ब्राह्मण भाग्यवश कहीं से थोड़ा सा जौ का आटा ले आया। उस आटे के चार भाग किये गये। उन्होंने उसकी रोटी बनायी और ज्यों ही वे उसे खाने बैठे कि किसी ने दरवाजे पर खटखटाया। पिता ने उठकर दरवाजा खोला, तो देखते हैं कि बाहर एक अतिथि खड़ा है। भारतवर्ष में अतिथि बड़ा पवित्र माना जाता है। वह तो उस समय के लिए 'नारायण' ही समझा जाता है और उसके साथ तद्रूप व्यवहार भी किया जाता है। अतएव उस गरीब ब्राह्मण ने कहा, 'महाराज, पधारिये आपका स्वागत है।' और उसने अतिथि के सामने अपना भाग रख दिया। अतिथि उसे जल्दी खा गया और बोला, 'अरे आपने तो मुझे और भी मार डाला। मैं दस दिन का भूखा हूँ और भोजन के इस छोटे टुकड़े ने तो मेरी भूख और भी बढ़ा दी।' तब स्त्री ने अपने पति से कहा 'आप मेरा भी भाग दे दीजिये। पति ने कहा 'नहीं ऐसा नहीं होगा।' परन्तु स्त्री अपनी बात पर अड़ी रही और कहा, 'वह बेचारा गरीब भूखा है हमारे यहाँ आया है। गृहस्थ की हैसियत से हमारा यह धर्म है कि हम उसे भोजन करायें।' 'यह देखकर कि आप उसे अधिक नहीं दे सकते पत्नी के नाते मेरा यह कर्तव्य है कि मैं उसे अपना भी भाग दे दूँ।' ऐसा कह उसने भी अपना भाग अतिथि को दे दिया। अतिथि ने वह भी खा लिया और कहा 'मैं तो भूख से अभी भी जल रहा हूँ। तब लड़के ने कहा 'आप मेरा भाग भी लीजिये क्योंकि पुत्र का यह धर्म है कि वह पिता के कर्तव्यों को पूरा करने में उन्हें सहायता दे।' अतिथि ने वह भी खा लिया, परन्तु फिर भी उसकी तृप्ति नहीं हुई। अतएव बहू ने भी उसे अपना भाग दे दिया। अब यह पर्याप्त हो गया और अतिथि ने उनको आशीर्वाद दे विदा ली।

"उसी रात वे चारों बेचारे भूख से पीड़ित हो मर गये। उस आटे के कुछ कण इधर उधर जमीन पर बिखर गये थे और जब मैंने उन पर लोट लगायी, तो मेरा आधा शरीर सुनहला हो गया, जैसा कि तुम अभी देख ही रहे हो। उस समय से मैं संसार भर में भ्रमण कर रहा हूँ और चाहता हूँ कि किसी दूसरी जगह भी मुझे ऐसा ही यज्ञ देखने को मिले; परन्तु वैसा यश मुझे कहीं देखने को नहीं मिला। मेरा शेष आधा शरीर किसी दूसरी जगह सुनहला न हो सका। इसीलिए तो कहता हूँ कि यह कोई यज्ञ ही नहीं है।"

त्याग का यह भाव भारतवर्ष से धीरे-धीरे लुप्त होता जा रहा है; महानुभाव व्यक्तियों की संख्या धीरे-धीरे कम होती जा रही है। जब बचपन में मैंने अंग्रेजी पढ़ना आरम्भ किया था, उस समय मैंने एक अंग्रेजी की पुस्तक पड़ी जिसमें एक ऐसे कर्तव्यपरायण बालक का वर्णन था, जिसने काम करके जो कुछ उपार्जन किया था उसका कुछ भाग अपनी वृद्ध माता को दे दिया था। उस बालक के इस कृत्य की प्रशंसा पुस्तक के तीन-चार पृष्ठों में गायी गयी थी। परन्तु इसमें कौन सा असाधारणत्व है? कोई भी हिन्दू बालक उस कहानी की नीतिशिक्षा को नहीं समझ सकता। और मुझे भी उसका महत्त्व आज ही समझ में आ रहा है जब मैं इस पश्चिमी रिवाज को सुनता तथा देखता हूँ कि यहाँ प्रत्येक मनुष्य अपने-अपने लिए ही है। इस देश में ऐसे भी लोग अनेक हैं जो सब कुछ अपने ही लिए रख लेते हैं - उनके पिता माता, स्त्री और बच्चों की फिर चाहे जैसी दशा क्यों न हो। एक गृहस्थ का ऐसा आदर्श तो कदापि न होना चाहिए। अब तुमने देखा कर्मयोग का अर्थ क्या है। उसका अर्थ है - मौत के मुँह में भी बिना तर्क-वितर्क के सबकी सहायता करना। भले ही तुम लाखों बार ठगे जाओ पर मुँह से एक बात तक न निकालो; और तुम जो कुछ भले कार्य कर रहे हो उनके सम्बन्ध में सोचो तक नहीं। निर्धन के प्रति किये गये उपकार पर गर्व मत करो और न उससे कृतज्ञता की ही आशा रखो; बल्कि उलटे तुम्हीं उसके कृतज्ञ होओ - यह सोचकर कि उसने तुम्हें दान देने का एक अवसर दिया है। अतएव यह स्पष्ट है कि एक आदर्श संन्यासी होने की अपेक्षा एक आदर्श गृहस्थ होना अधिक कठिन है। यथार्थ कर्ममय जीवन यथार्थ त्यागमय जीवन की अपेक्षा यदि अधिक कठिन नहीं तो कम से कम उसके बराबर कठिन तो अवश्य है।

कर्तव्य क्या है

कर्मयोग का तत्त्व समझने के लिए यह जान लेना आवश्यक है कि कर्तव्य क्या है। यदि मुझे कोई काम करना है तो पहले मुझे यह जान लेना चाहिए कि वह मेरा कर्तव्य है और तभी मैं उसे कर सकता हूँ। विभिन्न जातियों में विभिन्न देशों में इस कर्तव्य के सम्बन्ध में भिन्न-भिन्न धारणाएँ हैं। एक मुसलमान कहता है कि जो कुछ कुरान-शरीफ में लिखा है वही मेरा कर्तव्य हैं; इसी प्रकार एक हिन्दू कहता है कि जो कुछ मेरे वेदों में लिखा है वही मेरा कर्तव्य है; फिर एक ईसाई की दृष्टि में जो कुछ उसकी बाइबिल में लिखा है वही उसका कर्तव्य है। इससे हमें स्पष्ट दीख पड़ता है कि जीवन में अवस्था, काल एवं जाति के भेद से कर्तव्य के सम्बन्ध में धारणाएँ भी बहुविध होती हैं। अन्यान्य सार्वभौमिक भावसूचक शब्दों की तरह 'कर्तव्य' शब्द की भी ठीक-ठीक व्याख्या करना दुरूह है। व्यावहारिक जीवन में उसकी परिणति तथा उसके फलाफलों द्वारा ही हमें उसके सम्बन्ध में कुछ धारणा हो सकती है।

जब हमारे सामने कुछ बातें घटती हैं, तो हम सब लोगों में उस सम्बन्ध में एक विशेष रूप से कार्य करने की स्वाभाविक अथवा पूर्वसंस्कारानुयायी प्रवृत्ति उदित हो जाती है और प्रवृत्ति के उदय होने पर मन उस घटना के सम्बन्ध में सोचने लगता है। कभी तो वह यह सोचता है कि इस प्रकार की अवस्था में इसी तरह कार्य करना उचित है फिर किसी दूसरे समय उसी प्रकार की अवस्था होने पर भी पूर्वोक्त रूप से कार्य करना अनुचित प्रतीत होता है। कर्तव्य के सम्बन्ध में सर्वत्र साधारण धारणा यही देखी जाती है कि सत्पुरुषगण अपने विवेक के आदेशानुसार कर्म किया करते हैं। परन्तु वह क्या है जिससे एक कर्म 'कर्तव्य' बन जाता है? जीने मरने की समस्या के समय एक

ईसाई के सामने गोमांस का एक टुकड़ा रहने पर भी यदि वह अपनी प्राणरक्षा के लिए उसे नहीं खाता अथवा किसी दूसरे मनुष्य के प्राण बचाने के लिए नहीं दे देता तो उसे निश्चय ही ऐसा लगेगा कि उसने अपना कर्तव्य नहीं किया। परन्तु इसी अवस्था में यदि एक हिन्दू स्वयं वह गो-मांस का टुकड़ा खा ले अथवा किसी दूसरे हिन्दू को दे दे तो अवश्य उसे भी ठीक उसी प्रकार यह लगेगा कि उसने अपना कर्तव्य नहीं किया। हिन्दू जाति की शिक्षा तथा संस्कार ही ऐसे है, जिनके कारण उसके हृदय में ऐसे भाव जागृत हो जाते हैं।

पिछली शताब्दी में भारतवर्ष में डाकुओं का एक मशहूर दल था, जिन्हें ठग कहते थे। वे किसी मनुष्य को मार डालना तथा उसका धन छीन लेना अपना कर्तव्य समझते थे। वे जितने अधिक मनुष्यों को मारने में समर्थ होते थे उतना ही अपने को श्रेष्ठ समझते थे। साधारणतया यदि एक मनुष्य सड़क पर जाकर किसी दूसरे मनुष्य को बन्दूक से मार डाले, तो निश्चय ही उसे यह सोचकर दुःख होगा कि कर्तव्य-भ्रष्ट हो उसने अनुचित कार्य कर डाला है। परन्तु यदि वही मनुष्य एक फौज में सिपाही की हैसियत से एक नहीं बल्कि बीसों आदमियों को भी मार डाले तो उसे यह सोचकर अवश्य प्रसन्नता होगी कि उसने अपना कर्तव्य बहुत सुन्दर ढंग से निबाहा। इस प्रकार यह स्पष्ट है कि केवल किसी कार्यविशेष का विचार करने से ही हमारा कर्तव्य निर्धारित नहीं होता।

अतएव केवल बाह्य कार्यों के आधार पर कर्तव्य की व्याख्या करना नितान्त असम्भव है। अमुक कार्य कर्तव्य है तथा अमुक अकर्तव्य-कर्तव्याकर्तव्य का इस प्रकार विभाग-निर्देश नहीं किया जा सकता। परन्तु फिर भी आन्तरिक दृष्टिकोण (Subjective side) से कर्तव्य की व्याख्या हो सकती है। यदि किसी कर्म द्वारा हम भगवान् की ओर बढ़ते हैं तो वह सत् कर्म है और वह हमारा कर्तव्य है; परन्तु जिस कर्म द्वारा हम नीचे गिरते हैं वह बुरा है; वह हमारा कर्तव्य नहीं। आन्तरिक दृष्टिकोण से देखने पर हमें यह प्रतीत होता है कि कुछ कार्य ऐसे होते है जो हमें उन्नत बनाते है, और दूसरे ऐसे, जो हमें नीचे ले जाते है और पशुवत् बना देते हैं। किन्तु विभिन्न व्यक्तियों में कौन-सा कार्य किस तरह का भाव उत्पन्न करेगा यह निश्चित रूप से बताना असम्भव है। सभी युगों में समस्त सम्प्रदायों और देशों के मनुष्यों द्वारा मान्य

यदि कर्तव्य का कोई एक सार्वभौमिक भाव रहा है, तो वह है - "परोपकार: पुण्याय, पापाय परपीड़नम्।" - अर्थात् परोपकार ही पुण्य है और दूसरों को दुःख पहुंचाना ही पाप है।

श्रीमद्भगवद्गीता में जन्मगत तथा अवस्थागत कर्तव्यों का बारम्बार वर्णन है। जीवन के विभिन्न कर्तव्यों के प्रति मनुष्य का जो मानसिक और नैतिक दृष्टिकोण रहता है वह अनेक अंशों में उसके जन्म और उसकी अवस्था द्वारा नियमित होता है। इसीलिए अपनी सामाजिक अवस्था के अनुरूप एवं हृदय तथा मन को उन्नत बनाने वाले कार्य करना ही हमारा कर्तव्य है। परन्तु वह विशेष रूप से ध्यान रखना चाहिए कि सभी देश और समाज में एक ही प्रकार के आदर्श एवं कर्तव्य प्रचलित नहीं है। इस विषय में हमारी अज्ञता ही एक जाति की दूसरी के प्रति घृणा का मुख्य कारण है। एक अमेरिका निवासी समझता है कि उसके देश की प्रथाएँ ही सर्वोत्कृष्ट हैं, अतएव जो कोई उसकी प्रथाओं के अनुसार बर्ताव नहीं करता, वह दुष्ट है। इस प्रकार एक हिन्दू सोचता है कि उसी के रस्म-रिवाज संसार भर में ठीक और सर्वोत्तम हैं और जो उनका पालन नहीं करता, वह महा दुष्ट है। हम सहज ही इस भ्रम में पड़ जाते हैं और ऐसा होना बहुत स्वाभाविक भी है। परन्तु यह बहुत अहितकर है; संसार में परस्पर के प्रति सहानुभूति के अभाव एवं पारस्परिक घृणा का यह प्रधान कारण है। मुझे स्मरण है जब मैं इस देश में आया और जब मैं शिकागो प्रदर्शनी में से जा रहा था, तो किसी आदमी ने पीछे से मेरा साफा खींच लिया। मैंने पीछे घूमकर देखा, तो अच्छे कपड़े पहने हुए एक सज्जन दिखायी पड़े। मैंने उनसे बातचीत की और जब उन्हें यह मालूम हुआ कि मैं अंग्रेजी भी जानता हूँ तो वे बहुत शरमिन्दा हुए। इसी प्रकार, उसी सम्मेलन में एक दूसरे अवसर पर एक मनुष्य ने मुझे धक्का दे दिया; पीछे घूमकर जब मैंने उससे कारण पूछा, तो वह भी बहुत लज्जित हुआ और हकला-हकलाकर मुझसे माफी माँगते हुए कहने लगा, "आप ऐसी पोशाक क्यों पहनते हैं?" इन लोगों की सहानुभूति बस अपनी ही भाषा और वेशभूषा तक सीमित थी। शक्तिशाली जातियाँ कमजोर जातियों पर जो अत्याचार करती हैं उसका अधिकांश इसी दुर्भावना के कारण होता है। मानवमात्र के प्रति मानव का जो बंधुत्वभाव रहता है उसको यह सोख लेता है। सम्भव है वह मनुष्य जिसने मेरी पोशाक के बारे में पूछा था तथा जो मेरे साथ मेरी पोशाक के कारण ही

दुर्व्यवहार करना चाहता था, एक भला आदमी रहा हो, एक सन्तानवत्सल पिता और एक सभ्य नागरिक रहा हो; परन्तु उसकी स्वाभाविक सहृदयता का अन्त बस उसी समय हो गया, जब उसने मुझ-जैसे एक व्यक्ति को दूसरे वेश में देखा। सभी देशों में विदेशियों को अनेक अत्याचार सहने पड़ते हैं क्योंकि वे यह नहीं जानते कि परदेश में अपने को कैसे बचाये। और इस प्रकार वे उन देशवासियों के प्रति अपने देश में भूल धारणाएँ साथ ले जाते हैं। मल्लाह, सिपाही और व्यापारी दूसरे देशों में ऐसे अछूत व्यवहार किया करते हैं जैसा अपने देश में करना वे स्वप्न में भी नहीं सोच सकेंगे। शायद यही कारण है कि चीनी लोग यूरोप और अमेरिका निवासियों को 'विदेशी भूत' कहा करते हैं। पर यदि उन्हें पश्चिमी देश की सज्जनता तथा उसकी नम्रता का भी अनुभव हुआ होता, तो वे शायद ऐसा न कहते।

अतएव हमें जो एक बात विशेष रूप से ध्यान में रखनी चाहिए वह यह है कि हम दूसरे के कर्तव्यों को उसी की दृष्टि से देखें, दूसरों के रीति-रिवाजों को अपने रीति-रिवाज के मापदण्ड से न जाँचें। यह हमें विशेष रूप से जान लेना चाहिए कि हमारी धारणा के अनुसार सारा संसार नहीं चल सकता, हमें ही सारे संसार के साथ मिल-जुलकर चलना होगा, सारा संसार कभी भी हमारे भाव के अनुकूल नहीं चल सकता। इस प्रकार हम देखते हैं कि देश-काल-पात्र के अनुसार हमारे कर्तव्य कितने बदल जाते हैं। और सबसे श्रेष्ठ कर्म तो यह है कि जिस विशिष्ट समय पर हमारा जो कर्तव्य हो उसी को हम भलीभाँति निबाहें। पहले तो हमें जन्म से प्राप्त कर्तव्य को करना चाहिए और उसे कर चुकने के बाद समाज-जीवन में हमारे 'पद' के अनुसार जो कर्तव्य हो उसे सम्पन्न करना चाहिए। प्रत्येक व्यक्ति जीवन में किसी न किसी अवस्था में अवस्थित है; उसके लिए पहले उसी अवस्थानुयायी कर्म करना आवश्यक है। मानव-स्वभाव की एक विशेष कमजोरी यह है कि वह स्वयं अपनी ओर कभी नजर नहीं फेरता। वह तो सोचता है कि मैं भी राजा के सिंहासन पर बैठने योग्य हूँ। और यदि मान लिया जाय कि वह है भी, तो सबसे पहले उसे यह दिखा देना चाहिए कि वह अपने वर्तमान पद का कर्तव्य भली भांति कर चुका है। ऐसा होने पर तब उसके सामने उच्चतर कर्तव्य आएँगे। जब संसार में हम लगन से काम शुरू करते हैं तो प्रकृति हमें चारों ओर से धक्के देने लगती है और शीघ्र ही हमें इस योग्य बना देती है कि हम

अपना वास्तविक पद निर्धारित कर सकें। जो जिस कार्य के उपयुक्त नहीं है, वह दीर्घ काल तक उस पद में रहकर सबको सन्तुष्ट नहीं कर सकता। अतएव प्रकृति हमारे लिए जिस कर्तव्य का विधान करती है उसका विरोध करना व्यर्थ है। यदि कोई मनुष्य छोटा कार्य करे तो उसी कारण वह छोटा नहीं कहा जा सकता। कर्तव्य के केवल ऊपरी रूप से ही मनुष्य की उच्चता या नीचता का निर्णय करना उचित नहीं देखना तो यह चाहिए कि वह अपना कर्तव्य किस भाव से करता है।

बाद में हम देखेंगे कि कर्तव्य की यह धारणा भी परिवर्तित हो जाती है और यह भी देखेंगे कि सबसे श्रेष्ठ कार्य तो तभी होता है, जब उसके पीछे किसी प्रकार स्वार्थ की प्रेरणा न हो। फिर भी यह स्मरण रखना चाहिए कि कर्तव्य-शान से किया हुआ कर्म ही हमें कर्तव्य-ज्ञान से अतीत कर्म की ओर ले जाता है। और तब कर्म उपासना में परिणत हो जाता है - इतना ही नहीं, वरन् उस समय कर्म का अनुष्ठान केवल कर्म के लिए ही होता है। फिर हमें प्रतीत होगा कि कर्तव्य, चाहे वह नीति पर अधिष्ठित हो अथवा प्रेम पर उसका उद्देश्य वही है जो अन्य किसी योग का - अर्थात् 'कच्चे मैं' को क्रमशः घटाते-घटाते बिलकुल नष्ट कर देना, जिससे अन्त में 'पक्का मैं' अपनी अली महिमा में प्रकाशित हो जाय तथा निम्न स्तर में अपनी शक्तियों का क्षय होने से रोकना, जिससे आत्मा अधिकाधिक उच्च भूमि में प्रकाशमान हो सके। नीच वासनाओं के उदय होने पर भी यदि हम उन्हें वश में ले आयें, तो उससे हमारी आत्मा की महिमा का विकास होता रहता है। कर्तव्य पालन में भी इस स्वार्थत्याग की आवश्यकता अनिवार्य है। इसी प्रकार ज्ञान अथवा अज्ञानवश सारी समाजसंस्था संगठित हुई है, वह मानो एक कार्यक्षेत्र है - सत्-असत् की एक परीक्षाभूमि है। इस कार्यक्षेत्र में स्वार्थपूर्ण वासनाओं को धीरे-धीरे कम करते हुए हम मनुष्य के प्रकृत स्वरूप के अनन्त विकास का पथ खोल देते हैं।

पर कर्तव्य का पालन शायद ही कभी मधुर होता हो। कर्तव्यचक्र तभी हलका और आसानी से चलता है जब उसके पहियों में प्रेमरूपी चिकनाई लगी होती है नहीं तो यह निरन्तर एक घर्षण सा ही है। यदि ऐसा न हो तो माता-पिता अपने बच्चों के प्रति बच्चे अपने माता-पिता के प्रति, पति अपनी स्त्री के प्रति तथा स्त्री अपने पति के प्रति अपना अपना कर्तव्य कैसे निभा सकें? क्या इस घर्षण के उदाहरण हमें अपने

दैनिक जीवन में सदैव दिखायी नहीं देते? कर्तव्य पालन की मधुरता प्रेम में ही है और प्रेम का विकास केवल स्वतन्त्रता में होता है। परन्तु सोचो तो सही, इन्द्रियों का, क्रोध का ईर्ष्या का तथा मनुष्य के जीवन में प्रतिदिन होनेवाली अन्य सैकड़ों छोटी-छोटी बातों का गुलाम होकर रहना क्या स्वतन्त्रता है? अपने जीवन के इन सब क्षुद्र संघर्षों में सहिष्णुता धारण करना ही स्वतन्त्रता की सर्वोच्च अभिव्यक्ति है। स्त्रियाँ स्वयं अपने चिड़चिड़े एवं ईर्ष्यापूर्ण स्वभाव की गुलाम होकर अपने पतियों को दोष दिया करती है। वे दावा करती हैं कि हम स्वाधीन हैं; परन्तु वे नहीं जानती कि ऐसा करने से वे स्वयं को निरी गुलाम सिद्ध कर रही है। और यही हाल उन पतियों का भी है, जो सदैव अपनी स्त्रियों में दोष देखा करते हैं।

पावित्र्य ही स्त्री और पुरुष का सर्वप्रथम धर्म है। ऐसा उदाहरण शायद ही कहीं हो कि एक पुरुष - वह चाहे जितना भी पथभ्रष्ट क्यों न हो गया हो - अपनी नम्र प्रेमपूर्ण तथा पतिव्रता स्त्री द्वारा ठीक रास्ते पर न लाया जा सके। संसार अभी भी उतना गिरा नहीं है। हम बहुधा संसार में बहुत से निर्दय पतियों तथा पुरुषों के भ्रष्टाचरण के बारे में सुनते रहते हैं; परन्तु क्या यह बात सच नहीं है कि संसार में उतनी ही निर्दय तथा भ्रष्ट स्त्रियाँ भी है?

यदि अमरीका की सभी स्त्रियाँ इतनी शुद्ध और पवित्र होतीं जितना कि वे दावा करती हैं तो मुझे पूरा विश्वास है कि समस्त संसार में एक भी अपवित्र मनुष्य न रह जाता। ऐसा कौन-सा पाशविक भाव है जिसे पावित्र्य और सतीत्व पराजित नहीं कर सकता? एक शुद्ध पतिव्रता स्त्री जो अपने पति को छोड़कर अन्य सब पुरुषों को पुत्रवत् समझती है तथा उनके प्रति माता का भाव रखती है धीरे-धीरे अपनी पवित्रता की शक्ति में इतनी उन्नत हो जाएगी कि एक अत्यन्त पाशविक प्रवृत्तिवाला मनुष्य भी उसके सान्निध्य में पवित्र वातावरण का अनुभव करेगा। इसी प्रकार प्रत्येक पति को अपनी स्त्री को छोड़कर अन्य सब स्त्रियों को अपनी माता, बहिन अथवा पुत्री के समान देखना चाहिए। विशेषकर उस मनुष्य को, जो धर्म का प्रचारक होना चाहता है, यह आवश्यक है कि वह प्रत्येक स्त्री को मातृवत् देखे और उसके साथ सदैव तद्रूप व्यवहार करे।

मातृपद ही संसार में सबसे श्रेष्ठ पद है क्योंकि यही एक ऐसा पद है, जिससे अधिक से अधिक निःस्वार्थता की शिक्षा प्राप्त हो सकती है - निस्वार्थ कार्य किया

जा सकता है। केवल भगवत्प्रेम ही माता के प्रेम से उच्च है अन्य सब तो निम्न श्रेणी के है। माता का कर्तव्य है कि पहले वह अपने बच्चों का सोचे और फिर अपना; परन्तु उसके बजाय यदि माता- पिता सर्वदा पहले अपने ही बारे में सोचें तो फल यह होगा कि उनमें तथा उनके बच्चों में वही सम्बन्ध स्थापित हो जाएगा, जो चिड़ियों तथा उनके बच्चों में होता है। चिड़ियों के बच्चे जब उड़ने योग्य हो जाते हैं, तो अपने माँ-बाप को पहिचानते तक नहीं। वास्तव में वह पुरुष धन्य है जो स्त्री को ईश्वर के मातृभाव की प्रतिमूर्ति समझता है; और वह स्त्री भी धन्य है, जो पुरुष का ईश्वर के पितृभाव की प्रतिमूर्ति मानती है; तथा वे बच्चे भी धन्य हैं जो अपने माता-पिता को भगवान् का ही रूप मानते हैं।

हमारी उन्नति का एकमात्र उपाय यह है कि हम पहले वह कर्तव्य करें जो हमारे हाथ में है। और इस प्रकार धीरे-धीरे शक्तिसंचय करते हुए क्रमशः हम सर्वोच्च अवस्था को प्राप्त कर सकते हैं। किसी भी कर्तव्य को घृणा की दृष्टि से नहीं देखना चाहिए। मैं पुनः कहता हूँ? जो व्यक्ति अपेक्षाकृत निम्न कार्य करता है वह किसी उच्चतर कार्य करने वाले की अपेक्षा निम्नतर श्रेणी का नहीं हो जाता। केवल मनुष्य के कर्तव्य का रूप देखकर उसकी उच्चता-नीचता का विचार करने से नहीं बनेगा, देखना तो यह होगा कि वह उस कर्तव्य का पालन किस ढंग से करता है। कार्य करने की उसकी शक्ति और ढंग से ही उसकी जाँच की जानी चाहिए।

एक तरुण संन्यासी किसी बन में गया। वहाँ उसने दीर्घ काल तक ध्यान-भजन तथा योगाभ्यास किया। अनेक वर्षों की कठिन तपस्या के बाद एक दिन जब वह एक वृक्ष के नीचे बैठा था, तो उसके ऊपर वृक्ष से कुछ सूखी पत्तियाँ आ गिरी। उसने ऊपर निगाह उठायी, तो देखा कि एक कौआ और एक बगुला पेड़ पर लड़ रहे है। यह देखकर संन्यासी को बहुत क्रोध आया। उसने कहा, "यह क्या! तुम्हारा इतना साहस कि तुम ये सूखी पत्तियों मेरे सिर पर फेंकों?" इन शब्दों के साथ संन्यासी की कुद्ध आँखों से आग की एक ज्वाला-स्त्री निकली और वे बेचारी दोनों चिड़ियाँ उससे जलकर भस्म हो गयीं। अपने में यह शक्ति देखकर वह संन्यासी बड़ा खुश हुआ; उसने सोचा 'वाह अब तो मैं दृष्टि मात्र से कौए-बगुले को भस्म कर सकता हूँ।' कुछ समय बाद भिक्षा के लिए वह एक गाँव को गया। गाँव में जाकर वह एक दरवाजे पर खड़ा

हुआ और पुकारा, "माँ कुछ भिक्षा मिले।" भीतर से आवाज आयी "थोड़ा रुको मेरे बेटे।" संन्यासी ने मन में सोचा, "अरे दुष्टा तेरा इतना साहस कि तू मुझसे प्रतीक्षा कराये! अब भी तू मेरी शक्ति नहीं जानती?" संन्यासी ऐसा सोच ही रहा था कि भीतर से फिर एक आवाज आयी, "बेटा अपने को इतना बड़ा मत समझ। यहाँ न तो कोई कौआ है और न बगुला।" यह सुनकर संन्यासी को बड़ा आश्चर्य हुआ। बहुत देर तक खड़े रहने के बाद अन्त में घर में से एक स्त्री निकली और उसे देखकर संन्यासी उसके चरणों पर गिर पड़ा और बोला "माँ तुम्हें यह सब कैसे मालूम हुआ?" स्त्री ने उत्तर दिया, "बेटा, न तो मैं तुम्हारा योग जानती हूँ और न तुम्हारी तपस्या। मैं तो एक साधारण स्त्री हूँ। मैंने तुम्हें इसलिए थोड़ी देर रोका था कि मेरे पतिदेव बीमार है और मैं उनकी सेवा-शुश्रुषा में संलग्न थी। यही मेरा कर्तव्य है। सारे जीवन भर मैं इसी बात का यत्न करती रही हूँ कि मैं अपना कर्तव्य पूर्ण रूप से निबाह। जब मैं अविवाहित थी तब मैंने अपने माता-पिता के प्रति कन्या का कर्तव्य किया और अब जब मेरा विवाह हो गया है तो मैं अपने पतिदेव के प्रति पत्नी का कर्तव्य करती हूँ। बस यही मेरा योगाभ्यास है। अपना कर्तव्य करने से ही मेरे दिव्य चक्षु खुल गये हैं जिससे मैंने तुम्हारे विचारों को जान लिया और मुझे इस बात का भी पता चल गया कि तुमने वन में क्या किया है। यदि तुम्हें इससे भी कुछ उच्चतर तत्त्व जानने की इच्छा है तो अमुक नगर के बाजार में जाओ वहाँ तुम्हें एक व्याध मिलेगा। वह तुम्हें कुछ ऐसी बातें बतलाएगा, जिन्हें सुनकर तुम बड़े प्रसन्न होगे।" संन्यासी ने विचार किया "भला मैं उस शहर में उस व्याध के पास क्यों जाऊँ?" उसने अभी जो देखी, उसे सोचकर उसकी आंखें खुल गयी। अतएव वह उस शहर को गया। जब वह शहर के नजदीक आया, तो उसने दूर से एक बड़े मोटे व्याध को बाजार में बैठे हुए और बड़े-बड़े छुरों से मांस काटते हुए देखा। वह लोगों से अपना सौदा कर रहा था। संन्यासी ने मन ही मन सोचा, "हरे! हरे! क्या यही वह व्यक्ति है जिससे मुझे शिक्षा मिलेगी? दिखता तो यह शैतान का अवतार है!" इतने में व्याध ने संन्यासी की ओर देखा और कहा, "महाराज क्या उस स्त्री ने आपको मेरे पास भेजा है? कृपया बैठ जाइये। मैं जरा अपना काम समाप्त कर लूँ।" संन्यासी ने सोचा "यहाँ मुझे क्या मिलेगा?" खैर वह बैठ गया। इधर व्याध अपना काम लगातार करता रहा और जब वह अपना काम पूरा कर चुका तो उसने अपने रुपये पैसे समेटे

और संन्यासी से कहा, "चलिये महाराज, घर चलिये।" घर पहुँचकर व्याध ने उन्हें आसन दिया और कहा "आप यहाँ थोड़ा ठहरिये।" व्याध अपने घर में चला गया। उसने अपने वृद्ध माता-पिता को स्नान कराया, उन्हें भोजन कराया और उन्हें प्रसन्न करने के लिए जो कुछ कर सकता था, किया। उसके बाद वह उस संन्यासी के पास आया और कहा, "महाराज, आप मेरे पास आये हैं। अब बताइये, मैं आपकी क्या सेवा कर सकता हूँ?" संन्यासी ने उससे आत्मा तथा परमात्मा सम्बन्धी कुछ प्रश्न किये और उनके उत्तर में व्याध ने उसे जो उपदेश दिया, वही महाभारत में 'व्याध-गीता' के नाम से प्रसिद्ध है। 'व्याध-गीता' में हमें वेदान्तदर्शन की बहुत उच्च बातें मिलती हैं।

जब व्याध अपना उपदेश समाप्त कर चुका, तो संन्यासी को बड़ा आश्चर्य हुआ और उसने कहा, "फिर आप ऐसे क्यों रहते हैं? इतने ज्ञानी होते हुए भी आप व्याध क्यों है इतना निन्दित और कुत्सित कार्य क्यों करते हैं?" व्याध ने उत्तर दिया "वत्स कोई भी कर्तव्य निन्दित नहीं है। कोई भी कर्तव्य अपवित्र नहीं है। मैं जन्म से ही इस परिस्थिति में हूँ यही मेरा प्रारब्धलब्ध कर्म है। बचपन से ही मैंने यह व्यापार सीखा है परन्तु इसमें मेरी आसक्ति नहीं है। कर्तव्य के नाते मैं इसे उत्तम रूप से किये जाता हूँ। मैं गृहस्थ के नाते अपना कर्तव्य करता हूँ और अपने माता-पिता को प्रसन्न रखने के लिए जो कुछ मुझसे बन पड़ता है करता हूँ। न तो मैं तुम्हारा योग जानता हूँ और न मैं कभी संन्यासी ही हुआ। संसार छोड़कर मैं कभी वन में नहीं गया। परन्तु फिर भी जो कुछ तुमने मुझसे सुना तथा देखा, वह सब मुझे अनासक्त भाव से अपनी अवस्था के अनुरूप कर्तव्य का पालन करने से ही प्राप्त हुआ है। "भारतवर्ष में एक बहुत बड़े महात्मा हैं। अपने जीवन में मैंने जितने बड़े बड़े महात्मा देखे, उनमें से वे एक हैं। वे एक बड़े अद्भुत व्यक्ति हैं; कभी किसी को उपदेश नहीं देते; यदि तुम उनसे कोई प्रश्न पूछो भी, तो भी वे उसका उत्तर नहीं देते। गुरु का पद ग्रहण करने में वे बड़े संकुचित होते हैं। यदि तुम उनसे आज एक प्रश्न पूछो और उसके बाद कुछ दिन प्रतीक्षा करो, तो किसी दिन अपनी बातचीत में वे उस प्रश्न को उठाकर उस पर बड़ा सुन्दर प्रकाश डालते है। उन्होंने मुझे एक बार कर्म का रहस्य बताया था। उन्होंने कहा, "साधन और सिद्धि को एकरूप समझो।" अर्थात् साधनाकाल में साधन में ही मन प्राण अर्पण कर कार्य करो, क्योंकि उसकी चरम अवस्था का नाम ही सिद्धि है। जब तुम

कोई कर्म करो, तब अन्य किसी बात का विचार ही मत करो। उसे एक उपासना के - बड़ी से बड़ी उपासना के बतौर करो और उस समय तक के लिए उसमें अपना सारा तन मन लगा दो। यही बात हमने उपरोक्त कथा में भी देखी है। व्याध एवं वह स्त्री - दोनों ने अपना-अपना कर्तव्य बड़ी प्रसन्नता से तथा तन्मय होकर किया और उसका फल यह हुआ कि उन्हें दिव्य ज्ञान प्राप्त हुआ। इससे हमें यह स्पष्ट प्रतीत होता है कि जीवन की किसी भी अवस्था में, कर्मफल में बिना आसक्ति रखे यदि कर्तव्य उचित रूप से किया जाय, तो उससे हमें परमपद की प्राप्ति होती है।

कर्मफल में आसक्ति रखने वाला व्यक्ति अपने भाग्य में आये हुए कर्तव्य पर भिनभिनाता है। अनासक्त पुरुष को सब कर्तव्य एकसमान है। उसके लिए तो वे कर्तव्य स्वार्थपरता तथा इन्द्रियपरायणता को नष्ट करके आत्मा को मुक्त कर देने के लिए शक्तिशाली साधन हैं। हम अपने कर्तव्य पर जो भिनभिनाते हैं उसका कारण यह है कि हम सब अपने को बहुत समझते हैं और अपने को बहुत योग्य समझा कहते है यद्यपि हम वैसे हैं नहीं। प्रकृति ही सदैव कड़े नियम से हमारे क्यों के अनुसार उचित कर्मफल का विधान करती है; इसमें तनिक भी हेरफेर नहीं हो सकता और इसलिए अपनी ओर से चाहे हम किसी कर्तव्य को स्वीकार करने के लिए भले ही अनिच्छुक हों फिर भी वास्तव में हमारे कर्मफल के अनुसार ही हमारे कर्तव्य निर्दिष्ट होगे। स्पर्धा से ईर्ष्या उत्पन्न होती है और उससे हृदय की कोमलता नष्ट हो जाती है। असन्तुष्ट तथा तकरारी पुरुष के लिए सभी कर्तव्य नीरस होते है। उसे तो कभी भी किसी चीज से सन्तोष नहीं होता और फलस्वरूप उसका जीवन दूभर हो उठना और असफल हो जाना स्वाभाविक है। हमें चाहिए कि हम काम करते रहें; जो कुछ भी हमारा कर्तव्य हो, उसे करते रहे; अपना कन्धा सदैव काम से भिड़ाये रखें। और तभी हमारा पथ ज्ञानालोक से आलोकित हो जाएगा।

परोपकार में हमारा ही उपकार है

यह विचार करने के पहले कि कर्तव्यनिष्ठा हमें आध्यात्मिक उन्नति में किस प्रकार सहायता पहुँचाती है मैं आप लोगों को संक्षेप में यह भी बता देना चाहता हूँ कि भारतवर्ष में जिसे हम कर्म कहते है उसका एक दूसरा पहलू और कौन-सा हैं। प्रत्येक धर्म के तीन विभाग होते हैं। प्रथम दार्शनिक, दूसरा पौराणिक और तीसरा कर्मकाण्ड। दार्शनिक भाग तो असल में प्रत्येक धर्म का सार है। पौराणिक भाग इस दार्शनिक भाग की व्याख्यास्वरूप है; उसमें महापुरुषों की कम या अधिक काल्पनिक जीवनी तथा अलौकिक विषयसम्बन्धी कथाओं एवं आख्यायिकाओं द्वारा इसी दर्शन को उत्तम रूप से समझाने की चेष्टा की गयी है। और कर्मकाण्ड इस दर्शन का ही और भी स्थूल रूप है, जिससे वह सर्वसाधारण की समझ में आ सके। वास्तव में अनुष्ठान दर्शन का ही एक स्थूलतर रूप है। यह अनुष्ठान ही कर्म है। प्रत्येक धर्म में इसकी आवश्यकता है क्योंकि जब तक हम आध्यात्मिक जीवन में बहुत उन्नत न हो जायें तब तक सूक्ष्म आध्यात्मिक तत्व को समझ ही नहीं सकते। मनुष्य को अपने तई यह मान लेना सरल है कि वह कोई भी बात समझ सकता है। परन्तु जब वह उसे अमल में लाने की चेष्टा करता है तो उसे मालूम होता है कि सूक्ष्म भावों को ठीक- ठीक समझना तथा उन्हें हृदयंगम करना बड़ा ही कठिन है। इसीलिए तो प्रतीक विशेष रूप से सहायक होते हैं। प्रतीक द्वारा सूक्ष्म विषयों को समझने की जो प्रणाली है उसे हम किसी प्रकार त्याग नहीं सकते। अत्यन्त प्राचीन समय से ही प्रतीकों का प्रयोग प्रत्येक धर्म में होता रहा है। एक दृष्टि से यदि कहा जाय कि हम प्रतीक के बिना

किसी बात को सोच ही नहीं सकते तो ठीक ही है। शब्द भी तो हमारे विचार के प्रतीक ही है। दूसरी दृष्टि से कहा जा सकता है कि संसार की प्रत्येक चीज प्रतीक के रूप में देखी जा सकती है। सारा संसार ही प्रतीक है और उसके पीछे मूलतत्त्व रूप में ईश्वर विराजमान हैं। इस प्रकार का प्रतीक केवल मनुष्य द्वारा उत्पन्न किया हुआ ही नहीं है। और न ऐसी ही बात है कि एक धर्म के कुछ अनुयायी एक साथ बैठ गये और बस उन्होंने कुछ प्रतीकों की कल्पना कर डाली। धर्म के प्रतीक की उत्पत्ति स्वाभाविक रूप से होती है। नहीं तो ऐसा क्यों है कि प्राय: सभी मनुष्यों के मन में कुछ विशेष प्रतीक कुछ विशिष्ट भावों से सदा सम्बद्ध रहते है? कुछ प्रतीक तो सभी जगह पाये जाते हैं। तुम में से अनेकों की यह धारणा है कि क्रास का चिह्न सर्वप्रथम ईसाई धर्म के साथ प्रचलित हुआ, परन्तु वास्तव में तो वह ईसाई धर्म के बहुत पहले से मूसा के भी जन्म के पहले वेदों के आविर्भाव के भी पहले यहाँ तक कि मानवी कार्यकलापों का किसी प्रकार का इतिहास लिपिबद्ध होने के भी पहले से विद्यमान है। ऐज्टिक्स तथा फिनिशिन्स जातियों में भी इसकी मौजूदगी का प्रमाण मिलता है; प्राय: प्रत्येक जाति में इसका अस्तित्व था। इतना ही नहीं बल्कि ऐसा भी प्रतीत होता है कि क्रॉस पर लटके हुए महापुरुष का प्रतीक लगभग प्रत्येक जाति में प्रचलित था। इसी प्रकार सारे संसार में वृत्त भी एक उत्कृष्ट प्रतीक माना गया है। फिर इसके अतिरिक्त सारे संसार में सबसे अधिक प्रचलित स्वस्तिक (卐) भी एक प्रतीक रहा है। एक समय ऐसी धारणा थी कि बौद्ध इसे अपने साथ-साथ सारे संसार भर में ले गये; परन्तु पता चलता है कि बौद्ध धर्म के सदियों पहले कई जातियों में इसका प्रचार था। प्राचीन बैबिलोन तथा मिश्र देश में भी यह पाया जाता था। इस सबसे क्या प्रकट होता है? यही कि ये सब प्रतीक केवल काल्पनिक या स्वेच्छाकृत ही नहीं थे। इनका कोई न कोई विशेष कारण अवश्य रहा होगा, उनमें तथा मानवी मन में कोई स्वाभाविक सम्बन्ध रहा होगा। इसी प्रकार भाषा भी कोई कृत्रिम वस्तु नहीं है। ऐसी बात नहीं कि कुछ लोगों ने एक साथ बैठकर यह तय कर लिया कि कुछ विशेष भाव कुछ विशेष शब्दों द्वारा प्रकट किये जायें और बस भाषा की उत्पत्ति हो गयी। नहीं भाषा की उत्पत्ति इस प्रकार नहीं हुई। कोई भी भाव अपने आनुषंगिक शब्द बिना नहीं रह सकता, और न कोई शब्द ही अपने आनुषंगिक भाव बिना रह सकता है। शब्द और भाव स्वभावतः

अविच्छेद्य हैं। भावों को प्रकट करने के लिए शब्दप्रतीक अथवा वर्णप्रतीक - किसी का भी व्यवहार किया जा सकता है। गूंगों और बहरों को शब्दप्रतीक किसी प्रकार की सहायता नहीं पहुँचा सकता, उन्हें किसी दूसरे प्रतीक की सहायता लेनी पड़ती हैं। मन में उठनेवाले प्रत्येक विचार का एक दूसरा अंश भी होता है और वह है - आकृति। इसे संस्कृत दर्शन में 'नामरूप' कहते हैं। जिस प्रकार कृत्रिम उपाय द्वारा एक भाषा नहीं उत्पन्न की जा सकती, उसी प्रकार कृत्रिम उपायों से प्रतीक का निर्माण भी नहीं किया जा सकता। संसार में कर्मकाण्ड के सहकारी जो-जो प्रतीक हैं, वे मानवजाति के धार्मिक विचारों के एक एक बाह्य रूप हैं। यह कह देना बहुत सरल है कि अनुष्ठानों, मन्दिरों तथा अन्य बाह्य आडम्बरों की कोई आवश्यकता नहीं और यह बात तो कल का एक छोकरा भी कहा करता है। परन्तु सरलतापूर्वक यह कोई भी देख सकता है कि जो लोग मन्दिर में जाकर पूजा करते हैं वे उन लोगों की अपेक्षा, जो ऐसा नहीं करते, कई बातों में कही भिन्न होते हैं। भिन्न-भिन्न धर्मों के साथ जो विशिष्ट मन्दिर, अनुष्ठान और अन्य स्थूल क्रियाकलाप जड़े हुए हैं वे उन-उन धर्मावलम्बियों के मन में उन सब भावों को जागृत कर देते हैं, जिनके कि ये मन्दिर-अनुष्ठानादि स्थूल प्रतीक स्वरूप हैं। अतएव अनुष्ठानों एवं प्रतीकों को एकदम उड़ा देना उचित नहीं। इन सब विषयों का अध्ययन एवं अभ्यास स्वभावतः कर्मयोग का ही एक अंग है।

इस कर्मयोग के और भी कई पहलू हैं। इनमें से एक है - 'भाव' तथा 'शब्द' के सम्बन्ध को जानना एवं यह भी ज्ञान प्राप्त करना कि शब्दशक्ति से क्या-क्या हो सकता है। प्रत्येक धर्म शब्द की शक्ति को मानता है; यहाँ तक कि किसी-किसी धर्म की तो यह धारणा है कि समस्त सृष्टि 'शब्द' से ही निकली है। ईश्वर के संकल्प का बाह्य आकार 'शब्द' है और चूंकि ईश्वर ने सृष्टिरचना के पूर्व संकल्प एवं इच्छा की थी, इसलिए सृष्टि 'शब्द' से ही निकली है। इस जड़वादमय जीवन के कोलाहल में हमारे स्नायुओं में भी जड़ता आ गयी है। ज्यों-ज्यों हम बूढ़े होते जाते हैं और संसार की ठोकरें खाते जाते हैं, त्यों-त्यों हममें अधिकाधिक जड़ता आती जाती है और फलस्वरूप, हमारे चारों ओर निरन्तर हमारे ध्यान को आकर्षित करनेवाली जो सारी घटनाएँ होती रहती हैं उनके प्रति हम उदासीन रहकर उनसे कोई शिक्षा ग्रहण नहीं कर पाते। परन्तु कभी-कभी ऐसा भी अवश्य होता है कि मनुष्य का स्वाभाविक भाव

प्रबल हो उठता है और हम इन साधारण सांसारिक घटनाओं का रहस्य जानने का यत्न करने लगते हैं तथा उन पर आश्चर्यचकित हो जाते हैं। इस प्रकार आश्चर्यचकित होना ही ज्ञानलाभ की पहली सीढ़ी है।

शब्द के उच्च दार्शनिक तथा धार्मिक महत्त्व को छोड़ देने पर भी हम देखते हैं कि हमारे इस जीवननाटक में शब्दप्रतीक का विशेष स्थान है। मैं तुमसे बातचीत कर रहा हूँ? तुम्हें स्पर्श नहीं कर रहा हूँ। पर मेरे शब्द द्वारा उत्पन्न वायु के स्पन्दन तुम्हारे कान में जाकर तुम्हारे कर्मस्नायुओं को स्पर्श करते हैं और उससे तुम्हारे मन में असर पैदा होता है। इसे तुम रोक नहीं सकते। भला सोचो तो, इससे अधिक आश्चर्यजनक बात और क्या हो सकती है? एक मनुष्य दूसरे को 'बेवकूफ' कह देता है और बस इतने से ही वह दूसरा मनुष्य उठ खड़ा होता है और अपनी मुट्ठी बाँधकर उसकी नाक पर एक ऐसा जमा देता है। देखो तो शब्द में कितनी शक्ति है! एक स्त्री बिलखबिलखकर रो रही है; इतने में एक दूसरी स्त्री आ जाती है और वह उससे कुछ सांत्वना के शब्द कहती है। प्रभाव यह होता है कि वह रोती हुई स्त्री उठ बैठती है उसका दुःख दूर हो जाता है और वह मुस्कराने भी लगती है। देखो तो शब्द में कितनी शक्ति है! उच्च दर्शन में जिस प्रकार शब्दशक्ति का परिचय मिलता है, उसी प्रकार साधारण जीवन में भी। इस शक्ति के सम्बन्ध में विशेष विचार और अनुसन्धान न करते हुए भी हम रात-दिन इस शक्ति को उपयोग में ला रहे हैं। इस शक्ति के स्वरूप को जानना तथा इसका उत्तम रूप से उपयोग करना भी कर्मयोग का एक अंग है।

दूसरों के प्रति हमारे कर्तव्य का अर्थ है - दूसरों की सहायता करना, संसार का भला करना। अब प्रश्न उठता है कि हम संसार का भला क्यों करे? वास्तव में बात यह है कि ऊपर से तो हम संसार का उपकार करते हैं परन्तु असल में हम अपना ही उपकार करते है। हमें सदैव संसार का उपकार करने की चेष्टा करनी चाहिए, और कार्य करने में कही हमारा सर्वोच्च उद्देश्य होना चाहिए। परन्तु यदि ध्यानपूर्वक देखा जाय, तो प्रतीत होगा कि इस संसार को हमारी सहायता की बिलकुल आवश्यकता नहीं। यह संसार इसलिए नहीं बना कि हम अथवा तुम आकर इसकी सहायता करें। एक बार मैंने एक उपदेश पढ़ा था, वह इस प्रकार था - 'यह सुन्दर संसार बड़ा अच्छा है, क्योंकि इसमें हमें दूसरों की सहायता करने के लिए समय क्या अवसर मिलता है। "ऊपर से

तो यह भाव सचमुच सुन्दर है, परन्तु यह कहना कि संसार को हमारी सहायता की आवश्यकता है, क्या घोर ईश्वर-निन्दा नहीं है? यह सच है कि संसार में दुःखकष्ट बहुत है, और इसलिए लोगों की सहायता करना हमारे लिए सर्वश्रेष्ठ कार्य है; परन्तु आगे चलकर हम देखेंगे कि दूसरों की सहायता करने का अर्थ है अपनी ही सहायता करना। मुझे स्मरण है एक बार जब मैं छोटा था, तो मेरे पास कुछ सफेद चूहे थे। वे चूहे एक छोटे से सन्दूक में रखे गये थे और उस सन्दूक के भीतर उनके लिये छोटे-छोटे चक्के बना दिये गये थे। जब चूहे उन चक्कों को पार करना चाहते तो वे चक्के वहीं के वहीं घूमते रहते, और वे बेचारे चूहे कभी भी बाहर नहीं निकल पाते। बस यही हाल संसार का तथा संसार के प्रति हमारी सहायता का है। उपकार केवल इतना ही होता है कि हमें नैतिक शिक्षा मिलती है। संसार न तो अच्छा है, न बुरा बात इतनी ही है कि प्रत्येक मनुष्य अपने लिए अपना-अपना संसार बना लेता है। यदि एक अन्धा संसार के बारे में सोचने लगे, तो वह उसके समक्ष या तो मुलायम या कड़ा प्रतीत होगा, अथवा शीत या उष्ण। हम सुख या दुःख की समष्टि मात्र है; यह हमने अपने जीवन में सैकड़ों बार अनुभव किया है। बहुधा नौजवान आशावादी होते हैं, और वृद्ध निराशावादी। तरुण के सामने अभी उसका सारा जीवन पड़ा है। परन्तु वृद्ध की केवल यही शिकायत रहती है कि उसका समय निकल गया; कितनी ही अपूर्ण इच्छाएं उसके हृदय में मचलती रहती हैं जिन्हें पूर्ण करने की शक्ति उसमें आज नहीं। परन्तु है दोनों ही मूर्ख। हमारी मानसिक अवस्था के अनुसार ही हमें यह संसार भला या बुरा प्रतीत होता है। स्वयं यह न तो भला है न बुरा। अग्नि स्वयं न अच्छी है, न बुरी। जब यह हमें गरम रखती है, तो हम कहते हैं, 'यह कितनी सुन्दर है!' परन्तु जब इससे हमारी उँगली जल जाती है तो इसे हम दोष देते हैं। परन्तु फिर भी स्वयं न तो यह अच्छी है, न बुरी। जैसा हम इसका उपयोग करते हैं तदनुरूप यह अच्छी या बुरी बन जाती है। यही हाल इस संसार का भी है। संसार स्वयं पूर्ण है। पूर्ण होने का अर्थ यह है कि उसमें अपने सब प्रयोजनों को पूर्ण करने की क्षमता है। हमें यह निश्चित जान लेना चाहिए कि हमारे बिना भी यह संसार बड़े मजे से चलता जाएगा; हमें उसकी सहायता करने के लिए माथापच्ची करने की आवश्यकता नहीं।

परन्तु फिर भी हमें सदैव परोपकार करते ही रहना चाहिए। यदि हम सदैव यह ध्यान रखें कि दूसरों की सहायता करना एक सौभाग्य है, तो परोपकार करने की इच्छा

एक सर्वोत्तम प्रेरणाशक्ति है। एक दाता के ऊँचे आसन पर खड़े होकर और अपने हाथ में दो पैसे लेकर यह मत कहो, "ऐ भिखारी, ले, यह मैं तुझे देता हूँ।" परन्तु तुम स्वयं इस बात के लिए कृतज्ञ होओ कि तुम्हें वह निर्धन व्यक्ति मिला, जिसे दान देकर तुमने स्वयं अपना उपकार किया। धन्य पानेवाला नहीं होता, देनेवाला होता है। इस बात के लिए कृतज्ञ होओ कि इस संसार में तुम्हें अपनी दयालुता का प्रयोग करने और इस प्रकार पवित्र एवं पूर्ण होने का अवसर प्राप्त हुआ। समस्त भले कार्य हमें शुद्ध बनने तथा पूर्ण होने में सहायता करते हैं। और सच पूछो तो हम अधिक से अधिक कर ही कितना सकते हैं? या तो एक अस्पताल बनवा देते हैं सड़कें बनवा देते हैं या सदावर्त खुलवा देते हैं बस इतना ही तो? हम गरीबों के लिए एक कोष खोल देते हैं दस-बीस लाख रुपये इकट्ठा कर लेते हैं। उसमें से पाँच लाख का एक अस्पताल बनवा देते हैं पाँच लाख नाचतमाशे में फूँक देते है और शेष का आधा कर्मचारी लूट लेते हैं; बाकी जो बचता है वह किसी तरह गरीबों तक पहुँचता है! परन्तु उतने से हुआ क्या? आँधी काएक झोंका तो तुम्हारी इन सारी इमारतों को पाँच मिनट में नष्ट कर दे सकता है - फिर तुम क्या करोगे? एक भूकम्प तो तुम्हारी तमाम सड़कों, अस्पतालों, नगरों और इमारतों को धूल में मिला दे सकता है। अतएव इस प्रकार की संसार की सहायता करने की खोखली बातों को हमें छोड़ देना चाहिए। यह संसार न तो तुम्हारी सहायता का भूखा है और न मेरी। परन्तु फिर भी हमें निरन्तर कार्य करते रहना चाहिए, निरन्तर परोपकार करते रहना चाहिए। क्यों? - इसलिए कि इससे हमारा ही भला है। यही एक साधन है, जिससे हम पूर्ण बन सकते है। यदि हमने किसी भिखारी को कुछ दिया हो, तो वास्तव में उसके ऊपर हमारा कुछ नहीं आता, हमारे ऊपर ही उसका आता है हम पर उसका आभार है क्योंकि उसने हमें इस बात का अवसर दिया कि हम अपनी दया उस पर काम में ला सकें। यह सोचना निरी भूल है कि हमने संसार का भला किया, अथवा कर सकते हैं या यह कि हमने अमुक-अमुक व्यक्तियों की सहायता की। यह निरी मूर्खता का विचार है; और मूर्खता के विचारों से दुःख उत्पन्न होता है। हम कभी-कभी सोचते हैं कि हमने अमुक मनुष्य की सहायता की और इसलिए आशा करते हैं कि वह हमें धन्यवाद दे; पर जब वह हमें धन्यवाद नहीं देता, तो उससे हमें दुःख होता है। हम जो कुछ करें, उसके बदले में किसी भी बात की आशा क्यों रखें?

बल्कि उलटे हमें उसी मनुष्य के प्रति कृतज्ञ होना चाहिए, जिसकी हम सहायता करते हैं - उसे साक्षात् नारायण मानना चाहिए। मनुष्य की सहायता द्वारा ईश्वर की उपासना करना क्या हमारा परम सौभाग्य नहीं है? यदि हम वास्तव में अनासक्त हैं तो हमें यह वृथा प्रत्याशाजनित कष्ट क्यों होना चाहिए? अनासक्त होने पर तो हम प्रसन्नतापूर्वक संसार में भलाई कर सकते हैं। अनासक्ति से किये हुए कार्य से कभी भी दुःख अथवा अशान्ति नहीं आएगी।

वैसे तो संसार में अनन्त काल तक सुख-दुःख का चक्र चलता ही रहेगा, फिर हम इसकी सहायता के लिए कुछ करें या न करें, उससे कुछ बनने-बिगड़ने का नहीं। दृष्टान्तस्वरूप एक कहानी सुनो:-

एक गरीब आदमी को कुछ रुपये की जरूरत पड़ी। उसे कहीं से यह मालूम हो गया कि यदि वह किसी भूत को अपने वश में कर ले, तो वह उससे जो चाहे मँगवा सकता है। निदान उसे एक भूत ढूंढ़ने की सूझी। वह किसी ऐसे आदमी को ढूंढ़ने लगा, जिससे उसे एक भूत मिल जाय। ढूंढ़ते-ढूँढ़ते उसे एक साधु मिले। इन साधु के पास बड़ी शक्तियाँ थीं और उसने उनसे सहायता की याचना की। साधु ने उससे पूछा, "तुम भूत का क्या करोगे?" उसने उत्तर दिया, "महाराज मैं भूत इसलिए चाहता हूँ कि वह मेरा काम कर दे। कृपा कर मुझे उसको प्राप्त करने का ढंग बता दीजिये। मुझे उसकी बड़ी जरूरत है।साधु बोले, देखो, तुम इस झमेले में मत पड़ो, अपने घर लौट जाओ।दूसरे दिन वह आदमी साधु के पास फिर गया और बहुत रोने-गाने लगा। उसने कहा, महाराज, मुझे एक भूत दे ही दीजिये न। मुझे बड़ी आवश्यकता है। अन्त में साधु कुछ चिढ़से गये और उन्होंने कहा, "अच्छा, लो यह मन्त्र लो, इसका जप करने से एक भूत प्रकट होगा और फिर उससे तुम जो काम कहोगे, वही करेगा; परन्तु देखो, होशियार रहना। ये बड़े भयंकर प्राणी होते है। उसे निरन्तर काम में लगाये रखना। यदि कभी वह खाली रहा, तो तुम्हारी जान ही ले लेगा"।तब उस मनुष्य ने कहा, "यह कौन कठिन बात है? मैं तो उसे इतना काम दे दूँ कि उसके जीवन भर खत्म न हो"।इसके बाद वह आदमी एक वन में चला गया और मन्त्र का जप करने लगा। कुछ देर तक जप करने के बाद उसके सामने विकराल दाँतों वाला एक बड़ा भयंकर भूत प्रकट हुआ। भूत ने कहा, "देखो, मैं भूत हूँ। तुम्हारे मन्त्र ने मुझे जीत लिया है। परन्तु देखो तुम्हें

मुझको निरन्तर काम में लगाये रहना होगा, क्योंकि ज्योंही मुझे थोड़ा सा भी अवकाश मिला कि मैं तुम्हारी जान ले लूँगा"। आदमी बोला, ठीक है, जाओ, मेरे लिए एक महल तैयार करो। भूत ने जवाब दिया, "लो, हो गया महल तैयार है"। आदमी ने कहा, "जाओ, मेरे लिए धन ले आओ। भूत बोला, "लो धन भी तैयार है। फिर आदमी ने कहा, "यह जंगल काट डालो और यहाँ एक शहर बसा दो।" भूत बोला, "लो, यह भी हो गया। अब और क्या करूँ बतलाओ?" अब तो यह आदमी बड़ा घबड़ाने लगा; उसने मन में सोचा, "अब तो मेरे पास कोई काम नहीं है जो मैं इसे करने को कहूँ। यह तो प्रत्येक काम क्षण भर में ही कर डालता है।" भूत इधर गरजकर बोला, "देखो, मुझे जल्दी कुछ काम करने को दो, नहीं तो मैं तुम्हें खा जाऊँगा।" बेचारा आदमी अब कोई काम सोच ही न सका और मारे भय के थर-थर काँपने लगा। अब तो वह बेतहाशा भागा और भागते भागते उन्हीं साधु के पास पहुँचा और वहाँ जाकर गिड़गिड़ाने लगा, "महाराज, रक्षा कीजिये, रक्षा कीजिये, मेरी जान बचाइये।"साधु ने पूछा, "कहो, क्या हुआ" मनुष्य ने उत्तर दिया, "अब मैं क्या करूँ? अब तो मेरे पास उस भूत को देने के लिए कोई भी काम शेष नहीं है। मैं उससे जो कुछ भी करने को कहता हूँ वह क्षण भर में कर डालता है, और जब उसके पास कोई काम नहीं रह जाता, तो मुझे खा डालने की धमकी देता है। "इतने में ही वह भूत वहाँ आ पहुँचा, और कहने लगा, "अब तो मैं तुम्हें खा जाऊँगा।" और सचमुच वह उसे खा जाता! आदमी मारे डर के काँपने लगा और उसने साधु से अपने प्राणों की भिक्षा मांगी। साधु ने कहा, "अच्छा, मैं तुम्हें रास्ता बताता हूँ। देखो, उस कुत्ते की पूँछ टेढ़ी है, अपनी तलवार निकालो और यह पूँछ काटकर इस भूत को दे दो और उससे कहो कि इसे सीधी कर दे।" आदमी ने झट से कुत्ते की पूँछ काट ली और उसे भूत को देकर कहा, "लो, इसे सीधी करके मुझे दो।" भूत ने पूँछ ले ली और उसे बड़ी सावधानी से सीधी की, पर ज्यों ही उसने उसको सीधी करके छोड़ दिया, त्यों ही वह फिर से टेढ़ी हो गयी। भूत ने दुबारा कोशिश की परन्तु ज्योंही उसने छोड़ दी, त्यों ही वह फिर टेढ़ी हो गयी। उसने तीसरी बार फिर प्रयत्न किया, परन्तु वह फिर टेढ़ी की टेढ़ी हो गयी। इस प्रकार वह कई दिनों तक प्रयत्न करता रहा, यहाँ तक कि वह थक गया और बोला, "मुझे ऐसा कष्ट तो अपने जीवन भर में कभी नहीं हुआ। मैं एक बड़ा पुराना भूत हूँ ऐसी मुसीबत में मैं कभी नहीं

पड़ा।" अब तो वह भूत उस आदमी से कहने लगा, "आओ, भाई, हम-तुम समझौता कर लें। तुम मुझे छोड़ दो, और मैंने अब तक तुम्हें जो कुछ दिया है, वह सब अपने पास ही रखे रहो। मैं वादा करता हूँ अब आगे तुम्हें किसी प्रकार का कष्ट न दूँगा।" यह सुन वह आदमी बड़ा खुश हुआ और बड़ी प्रसन्नतापूर्वक उसने इस समझौते को स्वीकार कर लिया।

हमारा यह संसार भी बस कुत्ते की टेढ़ी पूँछ के ही समान है; सैकड़ों वर्ष से लोग इसे सीधा करने का प्रयत्न कर रहे हैं, परन्तु ज्यों ही वे इसे छोड़ देते हैं, त्यों ही यह फिर से टेढ़ा का टेढ़ा हो जाता है। इसके अतिरिक्त और क्या हो सकता है? मनुष्य पहले यह जान ले कि आसक्तिरहित होकर उसे किस प्रकार कर्म करना चाहिए, तभी वह दुराग्रह और मतान्धता से परे हो सकता है। जब हमें यह ज्ञान हो जाएगा कि संसार कुत्ते की टेढ़ी दुम की तरह है और कभी भी सीधा नहीं हो सकता, तब हम दुराग्रही नहीं होंगे। यदि संसार में यह दुराग्रह, यह कट्टरता न होती, तो अब तक यह बहुत उन्नति कर लेता। यह सोचना भूल है कि धर्मान्धता द्वारा मानवजाति की उन्नति हो सकती है। बल्कि उल्टे, यह तो हमें पीछे हटानेवाली शक्ति है, जिससे घृणा और क्रोध उत्पन्न होकर मनुष्य एक दूसरे से लड़ने-भिड़ने लगते हैं और सहानुभूतिशून्य हो जाते हैं। हम सोचते हैं कि जो कुछ हमारे पास है अथवा जो कुछ हम करते हैं, वही संसार में सर्वश्रेष्ठ है, और जो कुछ हम नहीं करते अथवा जो कुछ हमारे पास नहीं है, वह एक कौड़ी मूल्य का भी नहीं। अतएव जब कभी तुममें दुराग्रह का यह भाव आये, तो सदैव कुत्ते की टेढ़ी पूँछ का दृष्टान्त स्मरण कर लिया करो। तुम्हें अपने-आपको संसार के बारे में चिन्तित बना लेने की कोई आवश्यकता नहीं - तुम्हारी सहायता के बिना भी यह चलता ही रहेगा। जब तुम दुराग्रह और मतान्धता से परे हो जाओगे, तभी तुम अच्छी तरह कार्य कर सकोगे। जो ठण्डे मस्तिष्कवाला और शान्त है जो उत्तम ढंग से विचार करके कार्य करता है जिसके स्नायु सहज ही उत्तेजित नहीं हो उठते तथा जो अत्यन्त प्रेम और सहानुभूति-सम्पन्न है केवल वही व्यक्ति संसार में महान कार्य कर सकता है और इस तरह उससे अपना भी कल्याण कर सकता है। दुराग्रही व्यक्ति मूर्ख और सहानुभूतिशून्य होता है। वह न तो कभी संसार को सीधा कर सकता है और न स्वयं ही शुद्ध एवं पूर्ण हो सकता है।

आज के व्याख्यान का सारांश यह है। सर्वप्रथम हमें यह ध्यान में रखना चाहिए कि हम ही संसार के ऋणी हैं संसार हमारा ऋणी नहीं। यह तो हमारा सौभाग्य है कि हमें संसार में कुछ कार्य करने का अवसर मिलता है। संसार की सहायता करने से हम वास्तव में स्वयं का ही कल्याण करते हैं। दूसरी बात यह है कि इस विश्व के एक ईश्वर हैं। यह बात सच नहीं कि यह संसार पिछड़ रहा है और इसे तुम्हारी अथवा मेरी सहायता की आवश्यकता है। ईश्वर सर्वत्र विराजमान हैं। वे अविनाशी सतत क्रियाशील और जाग्रत हैं। जब सारा विश्व सोता है तब भी वे जागते रहते हैं। वे निरन्तर कार्य में लगे हुए हैं। संसार के समस्त परिवर्तन और विकास उन्हीं के कार्य हैं। तीसरी बात यह है कि हमें किसी से घृणा नहीं करनी चाहिए। यह संसार सदैव ही अच्छे और बुरे का मिश्रणस्वरूप रहेगा। हमारा कर्तव्य है कि हम दुर्बल के प्रति सहानुभूति रखें और एक अन्यायी के प्रति भी प्रेम रखें। यह संसार तो चरित्रगठन के लिए एक विशाल व्यायामशाला है। इसमें हम सभी को अभ्यासरूप कसरत करनी पड़ती है जिससे हम आध्यात्मिक बल से अधिकाधिक बलवान बनते रहें। चौथी बात यह है कि हममें किसी प्रकार का भी दुराग्रह नहीं होना चाहिए, क्योंकि दुराग्रह प्रेम का विरोधी है। बहुधा दुराग्रहियों को तुम यह गाल बजाते सुनोगे, "हमें पापी से घृणा नहीं है हमें तो घृणा पाप से है।" परन्तु यदि कोई मुझे एक ऐसा मनुष्य दिखा दे जो सचमुच पाप और पापी में भेद कर सकता है तो ऐसे मनुष्य को देखने के लिए मैं कितनी भी दूर जाने को तैयार हूँ। मुख से ऐसा कहना सरल है। यदि हम द्रव्य और उसके गुण में भलीभाँति भेद कर सकें तो हम पूर्ण हो जायें। पर इसे अमल में लाना इतना सरल नहीं। हम जितने ही शान्तचित्त होंगे और हमारे स्नायु जितने शान्त रहेंगे हम उतने ही अधिक प्रेमसम्पन्न होंगे और हमारा कार्य भी उतना ही अधिक श्रेष्ठ होगा।

अनासक्ति ही पूर्ण आत्मत्याग है

जिस प्रकार हमारे शरीर, मन और वचन द्वारा किया हुआ प्रत्येक कार्य हमारे पास फल के रूप में फिर से वापस आ जाता है उसी प्रकार हमारे कार्य दूसरे व्यक्तियों पर तथा उनके कार्य हमारे ऊपर अपना प्रभाव डाल सकते हैं। शायद तुम सभी ने देखा होगा कि जब मनुष्य कोई बुरे कार्य करता है तो क्रमशः वह अधिकाधिक बुरा बनता जाता है, और इसी प्रकार जब वह अच्छे कार्य करने लगता है तो दिनोंदिन सबल होता जाता है और उसकी प्रवृत्ति सदैव सत्कार्य करने की ओर झुकती जाती है। कर्म का प्रभाव इस प्रकार जो इतना जोर पकड़ता जाता है उसका स्पष्टीकरण केवल एक ही प्रकार से हो सकता है और वह यह कि एक मन दूसरे मन के ऊपर क्रिया-प्रतिक्रिया द्वारा असर डाल सकता है। इसे स्पष्ट करने के लिए हम पदार्थविज्ञान से एक दृष्टान्त ले सकते हैं। जब मैं कोई कार्य करता हूँ तो कहा जा सकता है कि मेरा मन एक विशिष्ट प्रकार की कम्पनावस्था में होता है; उस समय अन्य जितने मन उस प्रकार की अवस्था में होंगे, उनकी प्रवृत्ति यह होगी कि वे मेरे मन से प्रभावित हो जायें। यदि एक कमरे में मित्र-भिन्न वाद्ययन्त्र एक सुर में बाँध दिये जायें, तो आप सब ने देखा होगा कि एक को छेड़ने से अन्य सबों की भी प्रवृत्ति उसी प्रकार का सुर निकालने की होने लगती है। इसी प्रकार जो जो मन एक सुर में बँधे है, उन सब के ऊपर एक विशेष विचार का समान प्रभाव पड़ेगा। हाँ, यह सत्य है कि विचार का मन पर यह प्रभाव दूरी अथवा अन्य कारणों से न्यूनाधिक अवश्य हो जाएगा, परन्तु मन पर प्रभाव होने की सम्भावना सदैव बनी रहेगी। मान लो, मैं एक बुरा कार्य कर

रहा हूँ। उस समय मेरे मन में एक विशेष प्रकार का कम्पन होगा और संसार के अन्य सब मन, जो उसी प्रकार की स्थिति में हैं संभवतः मेरे मन के कम्पन से प्रभावित हो जाएँगे। इसी प्रकार जब मैं कोई अच्छा कार्य करता हूँ तो मेरे मन में एक दूसरे प्रकार का कम्पन होता है और उस प्रकार के कम्पनशील सारे मनों पर मेरे मन के प्रभाव पड़ने की सम्भावना रहती है। एक मन का दूसरे मन पर यह प्रभाव कम्पन की न्यूनाधिक शक्ति के अनुसार कम या अधिक हुआ करता है।

उपर्युक्त दृष्टान्त को यदि हम कुछ और आगे ले जायें तो कह सकते है कि जिस प्रकार कभी-कभी आलोक तरंगों को अपनी गन्तव्य वस्तु तक पहुँचने के लिए लाखों वर्ष लग जाते हैं उसी प्रकार विचार तरंगें भी कभी-कभी सैकड़ों वर्ष तक आकाश में भ्रमण करती रहती हैं जब तक कि अन्त में उन्हें कोई ऐसा पदार्थ नहीं मिल जाता, जिसके साथ वे एकरूप हो कार्य कर सकें। अतएव यह नितान्त सम्भव है कि हमारा यह वायुमण्डल अच्छी और बुरी दोनों प्रकार की विचार तरंगों से व्याप्त है। प्रत्येक मस्तिष्क से निकला हुआ प्रत्येक विचार मानो इसी प्रकार भ्रमण करता रहता है जब तक कि उसे एक योग्य आधार प्राप्त नहीं हो जाता। और जो मन इस प्रकार के विचार ग्रहण करने के लिए अपने को उन्मुक्त किये हुए है वह तुरन्त ही उन्हें अपना लेगा। अतएव जब कोई मनुष्य कोई दुष्कर्म करता है तो वह अपने मन को किसी एक विशिष्ट सुर में ले आता है; और उसी सुर की जितनी भी तरंगें पहले से ही आकाश में अवस्थित हैं वे सब उसके मन में घुस जाने की चेष्टा करती हैं। यही कारण है कि एक दुष्कर्मी साधारणतः अधिकाधिक दुष्कर्म करता जाता है। उसके कर्म क्रमशः प्रबलतर होते जाते हैं। यही बात सत्कर्म करनेवाले के लिए भी घटती है; वह अपने को वातावरण की समस्त शुभ तरंगों को ग्रहण करने के लिए मानो खोल देता है और इस प्रकार उसके सत्कर्म अधिकाधिक शक्तिसंपन्न होते जाते हैं। अतएव हम देखते हैं कि दुष्कर्म करने में हमें दो प्रकार का भय है। पहला तो यह कि हम अपने को चारों ओर की अशुभ तरंगों के लिए खोल देते हैं; और दूसरा यह कि हम स्वयं ऐसी अशुभ तरंग का निर्माण कर देते हैं; जिसका प्रभाव दूसरों पर पड़ता है फिर चाहे वह सैकड़ों वर्ष बाद ही क्यों न हो। दुष्कर्म द्वारा हम केवल अपना ही नहीं वरन् दूसरों का भी अहित करते हैं, और सत्कर्म द्वारा हम अपना तथा दूसरों का भी भला करते हैं। मनुष्य की अन्य आभ्यान्तरिक शक्तियों के समान ये शुभ और अशुभ शक्तियाँ भी बाहर से बल संचित करती हैं।

कर्मयोग के अनुसार, बिना फल उत्पन्न किये कोई भी कर्म नष्ट नहीं हो सकता। प्रकृति की कोई भी शक्ति उसे फल उत्पन्न करने से रोक नहीं सकती। यदि मैं कोई बुरा कर्म करूँ तो उसका फल मुझे भोगना ही पड़ेगा; विश्व में ऐसी कोई ताकत नहीं, जो इसे रोक सके। इसी प्रकार यदि मैं कोई सत्कार्य करूँ तो विश्व में ऐसी कोई शक्ति नहीं, जो उसके शुभ फल को रोक सके। कारण से कार्य होता ही है; इसे कोई भी रोक नहीं सकता। अब हमारे सामने कर्मयोग के सम्बन्ध में सूक्ष्म एवं गम्भीर विषय उपस्थित होता है। हमारे सत् और असत् कर्म आपस में घनिष्ठ रूप से सम्बद्ध हैं; इन दोनों के बीच हम निश्चित रूप से एक रेखा खींचकर यह नहीं बता सकते कि अमुक कार्य नितान्त शुभ है और अमुक अशुभ। ऐसा कोई भी कर्म नहीं हैं जो एक ही समय शुभ और अशुभ दोनों फल न उत्पन्न करे। यही देखिये, मैं आप लोगों से बात कर रहा हूँ संभवतः आपमें से कुछ लोग सोचते होंगे कि मैं एक भला कार्य कर रहा हूँ। परन्तु साथ ही साथ शायद मैं हवा में रहनेवाले असंख्य छोटे-छोटे कीटाणुओं को भी नष्ट करता जा रहा हूँ। और इस प्रकार एक दृष्टि से मैं बुरा भी कर रहा हूँ। हमारे निकट के लोगों पर, जिन्हें हम जानते हैं, यदि किसी कार्य का प्रभाव शुभ पड़ता है तो हम उसे शुभ कार्य कहते हैं। उदाहरणार्थ आप लोग मेरे इस व्याख्यान को अच्छा कहेंगे, परन्तु वे कीटाणु ऐसा कभी न कहेंगे। कीटाणुओं को आप नहीं देख रहे हैं, पर अपने आप को देख रहे है। मेरी वात्कृता का जैसा प्रभाव आप पर पड़ता है वह आप स्पष्ट देख सकते है, किन्तु उसका प्रभाव उन कीटाणुओं पर कैसा पड़ता है यह आप नहीं जानते। इसी प्रकार यदि हम अपने असत् कर्मों का भी विश्लेषण करें, तो हमें ज्ञात होगा कि संभवतः उनसे भी कहीं न कहीं किसी न किसी प्रकार का शुभ फल हुआ है। - "जो शुभ कर्मों में भी कुछ न कुछ अशुभ, तथा अशुभ कर्मों में भी कुछ न कुछ शुभ देखते हैं, वास्तव में उन्होंने कर्म का रहस्य समझा है।"

हाँ, तो इससे हमने क्या सीखा? - यही कि हम चाहे जितना भी प्रयत्न क्यों न करें ऐसा कोई कर्म नहीं हो सकता, जो संपूर्णतः पवित्र हो अथवा संपूर्णतः अपवित्र। यहाँ 'पवित्रता' या 'अपवित्रता' से हमारा तात्पर्य है अहिंसा या हिंसा। बिना दूसरों को नुकसान पहुँचाये हम साँस तक नहीं ले सकते। अपने भोजन का प्रत्येक ग्रास हम किसी दूसरे के मुँह से छीनकर खाते हैं। यहाँ तक कि हमारा अस्तित्व भी दूसरे प्राणियों के जीवन को हटाकर होता है। चाहे मनुष्य हो, पशु हो अथवा कीटाणु, किसी न किसी

को हटाकर ही हम अपना अस्तित्व स्थिर रखते है। ऐसी दशा में यह स्वाभाविक ही है कि कर्म द्वारा पूर्णता कभी नहीं प्राप्त हो सकती। हम भले ही अनन्त काल तक कर्म करते रहें, परन्तु इस जटिल संसारव्यूह से कभी छुटकारा न होगा। हम चाहे निरन्तर कार्य करते रहें परन्तु इस शुभ और अशुभ कर्मफलरूपी बन्धन का कहीं अन्त न होगा।

दूसरी विचारणीय बात है - कर्म का उद्देश्य क्या है? हम देखते है कि प्रत्येक देश के अधिकांश व्यक्तियों की यह धारणा है कि एक समय ऐसा आएगा, जब यह संसार पूर्णता को प्राप्त हो जाएगा; तब यहाँ न तो किसी प्रकार का रोग रहेगा, न शोक, न दुष्टता, न मृत्यु। वैसे तो यह एक बड़ा सुन्दर विचार है और एक अज्ञानी को कार्य में प्रेरणा देने के लिए बड़ी अच्छी खुराक है; परन्तु यदि हम क्षण भर भी ध्यानपूर्वक सोचें, तो हमें सहज ही ज्ञात हो जाएगा कि ऐसा कभी नहीं हो सकता। और यह हो भी कैसे सकता है जब हम जानते हैं कि भलाई और बुराई एक ही सिक्के के चित और पट हैं? ऐसा भी कहीं हो सकता है कि भलाई हो और उसके साथ बुराई न हो? तब फिर पूर्णता का अर्थ क्या है? सच पूछा जाय तो 'पूर्ण जीवन', शब्द ही स्वविरोधात्मक है। जीवन तो हमारे एवं प्रत्येक बाह्य वस्तु के बीच एक प्रकार का निरन्तर द्वन्द्व सा है। प्रतिक्षण हम बाह्य प्रकृति से संघर्ष करते रहते हैं और यदि उसमें हमारी हार हो जाय, तो हमारा जीवनदीप ही बुझ जाता है। आहार और हवा के लिए निरन्तर चेष्टा का नाम ही है जीवन। यदि हमें भोजन या हवा न मिले तो हमारी मृत्यु हो जाती है। जीवन कोई आसानी से चलनेवाली सरल चीज नहीं है - यह तो एक प्रकार का सम्मिश्रित व्यापार है। बहिर्जगत् और अन्तर्जगत् का घोर द्वन्द्व ही जीवन कहलाता है। इस प्रकार यह स्पष्ट है कि जब यह द्वन्द्व समाप्त हो जाएगा, तो जीवन का भी अन्त हो जाएगा।

उपर्युक्त आदर्श सुख की बात का अर्थ है - इस सांसारिक द्वन्द्व का अन्त हो जाना। परन्तु तब तो जीवन का भी अन्त हो जाएगा; क्योंकि द्वन्द्व का अन्त उसी समय होता है जब स्वयं जीवन ही चला जाता है।

हम यह देख ही चुके हैं कि संसार का उपकार करना अपना ही उपकार करना है। दूसरों के लिए किये गये कार्य का मुख्य फल है - अपनी स्वयं की आत्मशुद्धि। दूसरों के प्रति निरन्तर भलाई करते रहने से हम स्वयं को भूलने का प्रयत्न करते रहते हैं। और यह आत्मविस्मृति ही एक बहुत बड़ी शिक्षा है जो हमें जीवन में सीखनी है। मनुष्य मूर्खतावश सोचता है कि वह अपने को सुखी बना सकता है परन्तु वर्षों के घोर संघर्ष के बाद उसकी

आँखें खुलती हैं और वह यह अनुभव करता है कि वास्तविक सुख तो स्वार्थपरता को नष्ट कर देने में है और अपने को सुखी बनानेवाला अन्य कोई नहीं केवल वह स्वयं ही है।

परोपकार का प्रत्येक कार्य, सहानुभूति का प्रत्येक विचार, दूसरों की सहायतार्थ किया गया प्रत्येक कर्म, प्रत्येक भला कार्य हमारे क्षुद्र अहंभाव को प्रतिक्षण घटाता रहता है और हममें यह भावना उत्पन्न करता है कि हम किसी से बड़े नहीं; और इसीलिए ये सब कार्य श्रेष्ठ हैं। ज्ञानी, भक्त और कर्मी तीनों इस बात पर एकमत हैं। सर्वोच्च आदर्श है - चिरकाल के लिए संपूर्ण रूप से आत्मत्याग जिसमें किसी प्रकार का 'मैं' नहीं केवल 'तू' ही 'तू', है। हमारे जाने या बिना जाने कर्मयोग हमें इसी लक्ष्य की ओर ले जाता है।

सम्भव है, एक धर्मप्रचारक निर्गुण की बात सुनकर चौंक उठे। उसका शायद यही दृढ़ मत हो कि ईश्वर सगुण है और वह अपने निजत्व, अपने स्वतन्त्र व्यक्तितत्त्व को - इस व्यक्तित्व के बारे में उसकी धारणा चाहे जैसी भी हो - कायम रखने का इच्छुक हो; परन्तु यदि उसके नीतिविषयक विचार वास्तव में शुद्ध हैं, तो उनका आधार सर्वोच्च आत्मत्याग के अतिरिक्त और कुछ हो ही नहीं सकता।

यह संपूर्ण आत्मत्याग ही सारी नीति की नींव है। मनुष्य, पशु देवता सब के लिए यही एक मूल भाव है जो समस्त नैतिक आदर्शों में व्याप्त हैं।

इस संसार में हमें कई प्रकार के मनुष्य मिलेंगे। प्रथम तो वे जो देव-प्रकृति पुरुष कहे जा सकते हैं। वे पूर्ण आत्मत्यागी होते हैं अपने जीवन की भी बाजी लगाकर दूसरों का भला करते हैं। ये सर्वश्रेष्ठ पुरुष है। यदि किसी देश में ऐसे सौ मनुष्य भी रहें तो उस देश को फिर किसी बात की चिन्ता नहीं। परन्तु खेद हैं ऐसे लोग बहुत-बहुत कम है! दूसरे वे साधुप्रकृति मनुष्य हैं, जो दूसरों की भलाई तब तक करते हैं, जब तक उनका स्वयं का कोई नुकसान न हो; और तीसरे वे आसुरी प्रकृति के लोग हैं जो अपनी भलाई के लिए दूसरों का नुकसान तक करने में नहीं हिचकिचाते। एक संस्कृत कवि ने चौथी श्रेणी भी बतायी है जिसको हम कोई नाम नहीं दे सकते। वे लोग ऐसे होते हैं कि अकारण ही दूसरों का नुकसान करते रहते है। जिस प्रकार सर्वोच्च स्तर पर साधु-महात्मागण भला करने के लिए ही दूसरों का भला करते रहते हैं उसी प्रकार सब से निम्न स्तर पर ऐसे लोग भी है, जो केवल बुरा करने के लिए ही दूसरों का बुरा करते रहते हैं। ऐसा करने से उन्हें कोई लाभ नहीं होता - यह तो उनकी प्रकृति ही है। संस्कृत में दो शब्द हैं - प्रवृत्ति और निवृत्ति। प्रवृत्ति का अर्थ है - किसी वस्तु की ओर

प्रवर्तन या गमन और निवृत्ति का अर्थ है - किसी वस्तु से निवर्तन या दूर गमन। 'किसी वस्तु की ओर प्रवर्तन' का ही अर्थ है हमारा यह संसार - यह 'मैं' और 'मेरा'। इस 'मैं' को धनसम्पत्ति प्रभुत्व, नामयश द्वारा सर्वदा बढ़ाने का यत्न करना, जो कुछ मिले उसी को पकड़ रखना, सारे समय सभी वस्तुओं को इस 'मैं' -रूपी केन्द्र में ही संग्रहित करना - इसी का नाम है 'प्रवृत्ति'। यह प्रवृत्ति ही मनुष्यमात्र का स्वाभाविक भाव है, - चहुँ ओर से जो कुछ मिले, लेना और सब को केन्द्र में एकत्रित करते जाना। और वह केन्द्र है उसका अपना मधुर 'अहं'। जब यह वृत्ति घटने लगती है जब निवृत्ति का उदय होता है तभी नीति और धर्म का आरम्भ होता है। 'प्रवृत्ति' और 'निवृत्ति' दोनों ही कर्मस्वरूप हैं। एक असत् कर्म है और दूसरा सत्। निवृत्ति ही सारी नीति एवं सारे धर्म की नींव है; और इसकी पूर्णता ही सम्पूर्ण 'आत्मत्याग' है, जिसके प्राप्त हो जाने पर मनुष्य दूसरों के लिए अपना शरीर, मन, यहाँ तक कि अपना सर्वस्व निछावर कर देता है। तभी मनुष्य को कर्मयोग में सिद्धि प्राप्त होती है। सत्कार्यों का यही सर्वोच्च फल है। किसी मनुष्य ने चाहे एक भी दर्शनशास्त्र न पड़ा हो किसी प्रकार ईश्वर में विश्वास न किया हो और अभी भी न करता हो, चाहे उसने अपने जीवन भर में एक बार भी प्रार्थना न की हो, परन्तु केवल सत्कार्यों की शक्ति उसे यदि उस अवस्था में ले जाय जहाँ वह दूसरों के लिए अपना जीवन और सब कुछ उत्सर्ग करने को तैयार रहे, तो हमें समझना चाहिए कि वह उसी लक्ष्य को पहुँच गया है, जहाँ एक भक्त अपनी उपासना द्वारा तथा एक ज्ञानी अपने ज्ञान द्वारा पहुँचता है। अतएव आपने देखा, ज्ञानी कर्मी और भक्त तीनों एक ही स्थान पर पहुँचते हैं - एक ही स्थान पर आकर मिल जाते हैं; और वह स्थान है - आत्मत्याग। विभिन्न दर्शनों और धर्मों में आपस में कितना ही मतभेद क्यों न हो; जो व्यक्ति अपना जीवन दूसरों के लिए अर्पण करने को उद्यत रहता है उसके समक्ष सभी मनुष्य ससम्रम उठ खड़े होते हैं - उसके सामने भक्तिभाव से माथा नवाते हैं। यहाँ किसी प्रकार के मतामत का प्रश्न नहीं है - यहाँ तक कि वे लोग भी, जो धर्मसम्बन्धी समस्त विचारों पर नाक-भौं सिकोड़ते हैं जब इस प्रकार का सम्पूर्ण आत्मत्यागपूर्ण कोई कार्य देखते हैं, तो उसके प्रति श्रद्धासम्पन्न हुए बिना नहीं रह सकते। क्या आपने यह नहीं देखा, एक कट्टर मतान्ध ईसाई भी जब एडविन अर्नोल्ड के Light of Asia (एशिया का आलोक) नामक ग्रंथ को पड़ता है, तो वह भी बुद्ध के प्रति किस प्रकार श्रद्धालु हो जाता है? और ये वे बुद्ध थे जिन्होंने किसी ईश्वर का

प्रचार नहीं किया, आत्मत्याग के अतिरिक्त जिन्होंने अन्य किसी भी बात का प्रचार नहीं किया। इसका कारण केवल यह है कि मतान्ध व्यक्ति यह नहीं जानता कि उसका स्वयं का जीवनलक्ष्य और उन लोगों का जीवनलक्ष्य, जिन्हें वह अपना विरोधी समझता है, बिलकुल एक ही है। एक उपासक अपने हृदय में निरन्तर ईश्वरीभाव एवं साधुभाव रखते हुए अन्त में उस एक ही स्थान पर पहुँचता है और कहता है 'प्रभो, जैसी तेरी मरजी।' वह अपने नाम से कुछ बचा नहीं रखता। यही आत्मत्याग है। एक ज्ञानी भी अपने ज्ञान द्वारा देखता है कि उसका यह तथाकथित भासमान 'अहं' केवल एक भ्रम है; और इस तरह वह उसे बिना किसी हिचकिचाहट के त्याग देता है। यह भी आत्मत्याग के अतिरिक्त और कुछ नहीं है। अतएव हम देखते हैं कि कर्म, भक्ति और ज्ञान तीनों यहाँ पर आकर मिल जाते हैं। प्राचीन काल के बड़े-बड़े धर्मप्रचारकों ने जब हमें यह सिखाया था कि "ईश्वर जगत् से भिन्न है जगत् से परे है तो असल में उसका मर्म यही था। जगत् एक चीज है और ईश्वर दूसरी; और यह भेद बिलकुल सत्य है।" जगत् से उनका तात्पर्य है स्वार्थपरता। निःस्वार्थता ही ईश्वर है। एक मनुष्य चाहे रत्नखचित सिंहासन में आसीन हो, सोने के महल में रहता हो, परन्तु यदि वह पूर्ण रूप से निःस्वार्थ है तो वह ब्रह्म में ही स्थित है। परन्तु एक दूसरा मनुष्य चाहे झोपड़ी में ही क्यों न रहता हो, चिथड़े क्यों न पहनता हो सर्वथा दीनहीन ही क्यों न हो पर यदि वह स्वार्थी है तो हम कहेंगे कि वह संसार में घोर रूप से लिप्त है।

हाँ तो हम यह कह रहे थे कि बिना कुछ बुरा किये हम न तो भला कर सकते है और न बिना कुछ भला किये बुरा ही। तो अब प्रश्न यह है कि यह सब जानते हुए हम कर्म करें किस प्रकार? इस समस्या की मीमांसा करने के लिए इस संसार में अनेकानेक सम्प्रदाय उठ खड़े हुए, जो बड़ी लापरवाही से यह प्रचार कर गये कि धीरे-धीरे आत्महत्या कर लेना ही इस संसार से निस्तार पाने का एकमात्र उपाय है। क्योंकि मनुष्य यदि जीवित रहे तो अनेक छोटे-छोटे जन्तुओं और पौधों का नाश करके अथवा अन्य किसी न किसी का कुछ न कुछ अनिष्ट करके ही तो रह सकता है। इसीलिए उनके मतानुसार इस संसारचक्र से छूटने का एकमात्र उपाय है मृत्यु! जैनियों ने अपने सर्वोच्च आदर्श के रूप में इसी का प्रचार किया है। यह शिक्षा ऊपर से तर्कसंगत तो अवश्य प्रतीत होती है। परन्तु इसकी ठीक-ठीक मीमांसा गीता में पायी जाती हैं; और वह है अनासक्ति - अपने जीवन के समस्त कार्य करते हुए भी किसी में आसक्त न होना। यह जान लो कि संसार

में होते हुए भी तुम संसार से नितान्त पृथक् हो और जहाँ जो कुछ भी तुम कर रहे हो, वह अपने लिए नहीं है। यदि कोई कार्य तुम अपने लिए करोगे, तो उसका फल तुम्हें ही भोगना पड़ेगा। यदि वह सत्कार्य है तो तुम्हें उसका अच्छा फल मिलेगा और यदि बुरा है, तो बुरा। परन्तु जो कोई भी कार्य हो, यदि तुम वह अपने लिए नहीं करते, तो उसका प्रभाव तुम पर नहीं पड़ेगा। इस भाव को स्पष्ट करने के लिए हमारे शास्त्रों में बड़े सुन्दर ढंग से कहा है "यदि किसी में यह बोध रहे कि मैं इसे अपने लिए बिलकुल नहीं कर रहा हूँ तो फिर वह चाहे समस्त संसार की ही क्यों न हत्या कर डाले अथवा स्वयं ही क्यों न हत हो जाय, पर वास्तव में वह न तो हत्या करता है और न हत ही होता है। "इसीलिए कर्मयोग हमें शिक्षा देता है," संसार को मत छोड़ो, संसार में ही रही, जितना चाहो सांसारिक भाव ग्रहण करो। परन्तु यदि यह सब तुम्हारे ही भोग के लिए हो, तो फिर तुम्हारा कर्म करना व्यर्थ है। "तुम्हारा लक्ष्य भोग नहीं होना चाहिए। पहले अहंभाव को नष्ट कर डालो, और फिर समस्त संसार को आत्मस्वरूप देखो। यही तो प्राचीन ईसाई लोग भी कहा करते थे - 'वृद्ध मनुष्य को नष्ट कर डालना चाहिए। इस 'वृद्ध' मनुष्य का अर्थ है यह स्वार्थपर भाव कि यह संसार हमारे ही भोग के लिए बना है। अज्ञ माता-पिता अपने बच्चे को यह प्रार्थना करने की शिक्षा देते है, "हे प्रभो, तूने यह सूर्य और चन्द्रमा मेरे लिए ही बनाये हैं" मानो उस ईश्वर को सिवाय इसके कि वह इन बच्चों के लिए यह सब पैदा करता रहे और कोई काम नहीं था! अपने बच्चों को ऐसी मूर्खतापूर्ण शिक्षा मत दो। फिर एक दूसरे प्रकार के भी मूर्ख लोग हैं, जो हमें सिखाते हैं कि ये सब जानवर हमारे मारने-खाने के लिए ही बनाये गये हैं और यह सारा संसार मनुष्य के भोग के लिए है। यह सब निरी मूर्खता है। एक शेर भी कह सकता है कि मनुष्य की उत्पत्ति मेरे ही लिए हुई है और ईश्वर से प्रार्थना कर सकता है, "हे प्रभो, मनुष्य कितना दुष्ट है कि वह अपने को मेरे सामने उपस्थित नहीं कर देता, जिससे मैं उसे खा जाऊँ। देखिये, मनुष्य आपका नियम भंग कर रहा है।" यदि संसार की उत्पत्ति हमारे लिए हुई है तो हम भी संसार के लिए ही पैदा किये गये हैं। यह बड़ी कुत्सित धारणा है कि यह संसार हमारे भोग के लिए ही बनाया गया है, और इसी भयानक धारणा से हम बद्ध रहते हैं। वास्तव में यह संसार हमारे लिए नहीं है। प्रति वर्ष लाखों लोग इसमें से बाहर चले जाते है, परन्तु उधर संसार की कोई नजर तक नहीं। लाखों फिर आ जाते है। संसार जैसे हमारे लिए है, वैसे ही हम भी संसार के लिए है।

अतएव ठीक ढंग से कर्म करने के लिए यह आवश्यक है कि पहले हम आसक्ति का भाव त्याग दें। दूसरी बात यह कि हमें अपने-आपको कर्म से एक नहीं कर देना चाहिए। हम एक साक्षी के समान रहें और अपना काम करते चलें। मेरे गुरुदेव कहा करते थे, "अपने बच्चों के प्रति वही भावना रखो, जो एक दाई की होती है" वह तुम्हारे बच्चे को गोद में लेती है, उसे खिलाती है और उसको इस प्रकार प्यार करती है, मानो वह उसी का बच्चा हो। पर ज्यों ही तुम उसे काम से अलग कर देते हो, त्यों ही वह, अपना बोरा बिस्तर समेट तुरन्त घर छोड़ने को तैयार हो जाती है। उन बच्चों के प्रति उसका जो इतना प्रेम था, उसे वह बिलकुल भूल जाती है। एक साधारण दाई को तुम्हारे बच्चों को छोड़कर दूसरे के बच्चों को लेने में तनिक भी दुःख न होगा। तुम भी अपने बच्चों के प्रति यही भाव धारण करो। तुम्हीं उनकी दाई हो - और यदि तुम्हारा ईश्वर में विश्वास है, तो विश्वास करो कि ये सब चीजें जिन्हें तुम अपनी समझते हो, वास्तव में ईश्वर की है। अत्यन्त कमजोरी कभी-कभी बड़ी साधुता और सबलता का रूप धारण कर लेती है। यह सोचना कि मेरे ऊपर कोई निर्भर है तथा मैं किसी का भला कर सकता हूँ? अत्यन्त दुर्बलता का चिह्न है। यह अहंकार ही समस्त आसक्ति की जड़ है और इस आसक्ति से ही समस्त दुःखों की उत्पत्ति होती है। हमें अपने मन को यह भलीभाँति समझा देना चाहिए कि इस संसार में हमारे ऊपर कोई भी निर्भर नहीं है। एक भिखारी भी हमारे दान पर निर्भर नहीं। किसी भी जीव को हमारी दया की आवश्यकता नहीं संसार का कोई भी प्राणी हमारी सहायता का भूखा नहीं। सब की सहायता प्रकृति से होती है। यदि हममें से लाखों लोग न भी रहे तो भी उन्हें सहायता मिलती रहेगी। तुम्हारे हमारे न रहने से प्रकृति के द्वार बन्द न हो जाएँगे। दूसरों की सहायता करके हम जो स्वयं शिक्षा लाभ कर रहे हैं यही तो हमारे तुम्हारे लिए परम सौभाग्य की बात है। जीवन में सीखने योग्य यही सब से बड़ी बात है। जब हम पूर्ण रूप से इसे सीख लेंगे तो हम फिर कभी दुःखी न होंगे; तब हम समाज में कहीं भी जाकर उठ-बैठ सकते हैं इससे हमारी कोई हानि न होगी। तुम चाहे विवाहित हो, तुम्हारे दल के दल नौकर हों, बड़ा भारी राज्य हो, पर यदि तुम इस तत्त्व को हृदय में रखकर कार्य करते हो कि यह संसार मेरे भोग के लिए नहीं है और इसे मेरी सहायता की कतई आवश्यकता नहीं, तो यह सब रहने पर भी तुम्हारा कुछ न बिगड़ेगा। हो सकता है इसी साल तुम्हारे कई मित्रों का निधन हो गया हो। तो क्या भला संसार उनके फिर वापस

आने के लिए रुका हुआ है? क्या इसकी गति शिथिल हो गयी है? नहीं, ऐसा नहीं हुआ। यह तो जारी ही है। अतएव अपने मन से यह विचार निकाल दो कि तुम्हें इस संसार के लिए कुछ करना हैं। संसार को तुम्हारी सहायता की तनिक भी आवश्यकता नहीं। मनुष्यों का यह सोचना निरी मूर्खता है कि वह संसार की सहायता के लिए पैदा हुआ है। यह केवल अहंकार है। निरी स्वार्थपरता है, जो धर्म की आड़ में हमारे सामने आती है। जब तुम्हारे मन में इतना ही नहीं, बल्कि तुम्हारे स्नायुओं और मांसपेशियों तक में यह शिक्षा भलीभांति भिद जाएगी कि संसार तुम्हारे अथवा अन्य किसी के ऊपर निर्भर नहीं है, तो कर्म से तुम्हें फिर किसी प्रकार की दुःखरूपी प्रतिक्रिया न होगी। यदि तुम किसी मनुष्य को कुछ दे दो और उससे किसी प्रकार की आशा न करो, यहाँ तक कि उससे कृतज्ञता प्रकाशन की भी इच्छा न करो, तो यदि वह मनुष्य कृतघ्न भी हो, तो भी उसकी कृतघ्नता का कोई प्रभाव तुम्हारे ऊपर न पड़ेगा, क्योंकि तुमने तो कभी किसी बात की आशा ही नहीं की थी और न यही सोचा था कि तुम्हें उससे बदले में कुछ पाने का अधिकार है। तुमने तो उसे वही दिया, जो उसे प्राप्य था। उसे वह चीज अपने कर्म से ही मिली, और अपने कर्म से ही तुम उसके दाता बने। यदि तुम किसी को कोई चीज दो, तो उसके लिए तुम्हें घमण्ड क्यों होना चाहिए? तुम तो केवल उस धन अथवा दान के वाहक मात्र हो, और संसार अपने कर्मों द्वारा उसे पाने का अधिकारी है। फिर तुम्हें अभिमान क्यों होना चाहिए? जो कुछ तुम संसार को देते हो वह आखिर है ही कितनी? जब तुममें अनासक्ति का भाव आ जाएगा, तब फिर तुम्हारे लिए न तो कुछ अच्छा रह जाएगा, न बुरा। वह तो केवल स्वार्थपरता ही है जिसके कारण तुम्हें अच्छाई या बुराई दिख रही है। यह समझना बहुत कठिन है, परन्तु धीरे-धीरे समझ सकोगे कि संसार की कोई भी वस्तु तुम्हारे ऊपर तब तक अपना प्रभाव नहीं डाल सकती, जब तक कि तुम स्वयं ही उसे अपना प्रभाव डालने दो। मनुष्य की आत्मा के ऊपर किसी शक्ति का प्रभाव नहीं पड़ सकता, जब तक कि वह मनुष्य स्वयं अपने को गिराकर मूर्ख न बना ले तथा उस शक्ति के वश में न हो जाय। अतएव अनासक्ति के द्वारा तुम किसी भी प्रकार की शक्ति पर विजय प्राप्त कर सकते हो और उसे अपने ऊपर प्रभाव डालने से रोक सकते हो। यह कह देना बड़ा सरल है कि जब तक तुम किसी चीज को अपने ऊपर प्रभाव न डालने दो, तब तक वह तुम्हारा कुछ नहीं कर सकती।परन्तु जो सचमुच अपने ऊपर किसी का प्रभाव नहीं पड़ने देता, तथा बहिर्जगत् के प्रभावों से जो न सुखी होता है,

न दुःखी - उसका लक्षण क्या है? वह लक्षण यह है कि सुख अथवा दुःख में उस मनुष्य का मन सदा एक-सा रहता है, सभी अवस्थाओं में उसकी मनोदशा समान रहती है।

भारतवर्ष में एक महापुरुष हो गये हैं। इनका नाम व्यास था। ये बहुत बड़े ऋषि थे और वेदान्तसूत्र के प्रणेता के नाम से प्रसिद्ध हैं। इनके पिता ने पूर्णत्व प्राप्त करने का बहुत यत्न किया था, परन्तु वे असफल रहे। उनके पितामह तथा प्रपितामह ने भी पूर्णत्व प्राप्ति के लिए बहुत चेष्टा की थी, किन्तु वे भी सफलकाम न हो सके थे। स्वयं व्यासदेव भी पूर्ण रूप से सफल न हो सके; परन्तु उनके पुत्र शुकदेव जन्म से ही सिद्ध थे। व्यासदेव अपने पुत्र को तत्त्वज्ञान की शिक्षा देने लगे। और स्वयं यथाशक्ति शिक्षा देने के बाद उन्होंने शुकदेव को राजा जनक की राजसभा में भेज दिया। जनक एक बहुत बड़े राजा थे और 'विदेह' नाम से प्रसिद्ध थे। 'विदेह' का अर्थ है 'शरीर से पृथक्। यद्यपि वे राजा थे, फिर भी उन्हें इस बात का तनिक भी भान न था कि वे एक शरीरधारी हैं। उन्हें तो सदा यही ध्यान रहता था कि वे आत्मा हैं। बालक शुक उनके पास शिक्षा ग्रहण करने के लिए भेजे गये। इधर राजा को यह मालूम था कि व्यास मुनि का पुत्र उनके पास तत्त्वज्ञान की शिक्षा प्राप्त करने आ रहा है, और इसलिए उन्होंने पहले से ही कुछ प्रबन्ध कर रखा था। जब बालक राजमहल के द्वार पर आया, तो सन्तरियों ने उसकी ओर कोई विशेष ध्यान नहीं दिया। उन्होंने बस उसे बैठने के लिए एक आसन भर दे दिया। इस आसन पर वह बालक लगातार तीन दिन बैठा रहा; न तो कोई उससे कुछ बोला और न किसी ने यही पूछा कि वह कौन है और क्या चाहता है। बालक शुक इतने बड़े ऋषि के पुत्र थे, उनके पिता का देश भर में सम्मान था और वे स्वयं भी प्रतिष्ठित थे, परन्तु फिर भी उन क्षुद्र सन्तरियों ने उन पर कोई ध्यान न दिया। इसके बाद अचानक राजा के मन्त्री तथा बड़े-बड़े राज्याधिकारी वहाँ पर आये और उन्होंने उनका अत्यन्त सम्मान के साथ स्वागत किया। वे उन्हें अन्दर एक सुशोभित गृह में लिवा ले गये, इत्रों से स्नान कराया, सुन्दर वस्त्र पहनाये और आठ दिन तक उन्हें सब प्रकार के विलास में रखा। परन्तु शुकदेव के प्रशान्त चेहरे पर तनिक भी अन्तर न हुआ। बालक शुक आज भी विलासों के बीच वैसे ही थे जैसे कि उस दिन, जब वे महल के द्वार पर बैठे हुए थे। इसके बाद उन्हें राजा के सम्मुख लाया गया। राजा सिंहासन पर बैठे थे, और वहाँ नाचगान तथा अन्य आमोद-प्रमोद हो रहे थे। राजा ने बालक शुक के हाथ में लबालब दूध से भरा हुआ एक प्याला दिया और उनसे कहा, "इसे लेकर इस दरबार की सात बार प्रदक्षिणा कर आओ पर

देखो, एक बूँद भी दूध न गिरे।" बालक शुक ने दूध का प्याला ले लिया और संगीत की ध्वनि एवं अनेक सुन्दरियों के बीच प्रदक्षिणा करने को उठे। राजा की आज्ञानुसार वे सात बार चक्कर लगा आये, परन्तु दूध का एक बूँद भी न गिरा। बालक शुक का अपने मन पर ऐसा संयम था कि बिना उनकी इच्छा के संसार की कोई भी वस्तु उन्हें आकर्षित नहीं कर सकती थी। प्रदक्षिणा कर चुकने के बाद जब वे दूध का प्याला लेकर राजा के सम्मुख उपस्थित हुए, तो उन्होंने कहा, "वत्स, जो कुछ तुम्हारे पिता ने तुम्हें सिखाया है तथा जो कुछ तुमने स्वयं सीखा है, उससे अधिक मैं तुम्हें और कुछ नहीं सिखा सकता। तुमने सत्य को जान लिया है। जाओ, अपने घर वापस जाओ। "

अतएव हमने देखा कि जिस मनुष्य ने अपने स्वयं के ऊपर अधिकार प्राप्त कर लिया है उसके ऊपर संसार की कोई भी चीज अपना प्रभाव नहीं डाल सकती उसके लिए किसी प्रकार का बन्धन शेष नहीं रह जाता। उसका मन स्वतन्त्र हो जाता है। और केवल ऐसा ही पुरुष संसार में रहने योग्य है। बहुधा हम देखते हैं कि लोगों की संसार के सम्बन्ध में दो प्रकार की धारणाएं होती' हैं। कुछ लोग निराशावादी होते हैं। वे कहते है "संसार कैसा भयानक है कैसा दुष्ट है!" दूसरे लोग आशावादी होते हैं और कहते हैं "अहा। संसार कितना सुन्दर है कितना अदभुत है!" जिन लोगों ने अपने मन पर विजय नहीं प्राप्त की है उनके लिए यह संसार या तो बुराइयों से भरा है या अधिक से अधिक अच्छाईयों और बुराइयों का एक मिश्रण है। परन्तु यदि हम अपने मन पर विजय प्राप्त कर लें, तो यही संसार सुखमय हो जाता है। फिर हमारे ऊपर किसी भी बात के अच्छे या बुरे भाव का असर न होगा - हमें कहीं भी विश्रृंखलता दिखायी न देगी, हमारे लिए सभी कुछ सामंजस्यपूर्ण हो जाएगा। देखा जाता है जो लोग आरम्भ में संसार को नरक कुण्ड समझते हैं वे ही यदि आत्मसंयम की साधना में सफल हो जाते हैं तो इस संसार को ही स्वर्ग समझने लगते हैं। यदि हम सच्चे कर्मयोगी हैं और इस अवस्था को प्राप्त करने के लिए अपने को शिक्षित करना चाहते है तो हम चाहे जिस अवस्था से आरम्भ करें यह निश्चित है कि हमें अन्त में पूर्ण आत्म-त्याग का लाभ होगा ही। और ज्यों ही इस कल्पित 'अहं' का नाश हो जाएगा त्यों ही वही संसार, जो हमें पहले: अमंगल से भरा प्रतीत होता था, अब स्वर्गस्वरूप और परमानन्द से पूर्ण प्रतीत होने लगेगा। यहाँ की हवा तक बदलकर मधुमय हो जाएगी और प्रत्येक व्यक्ति भला प्रतीत होने लगेगा। यही है कर्मयोग की चरम गति, और यही है उसकी पूर्णता या सिद्धि। हमारे भिन्न भिन्न

योग आपस में विरोधी नहीं हैं। प्रत्येक अन्त में हमें एक ही स्थान में ले जाता है और पूर्णत्व की प्राप्ति कस देता है। पर हाँ, प्रत्येक का दृढ़ अभ्यास आवश्यक है। सारा रहस्य अभ्यास में ही है। पहले श्रवण करो फिर मनन करो और फिर उसे अमल में लाओ। यह बात प्रत्येक योग के सम्बन्ध में सत्य है। पहले तुम इसके बारे में सुनो और समझो कि इसका मर्म क्या है। यदि कुछ बातें आरम्भ में स्पष्ट न हों, तो निरन्तर श्रवण एवं मनन से वे स्पष्ट हो जाती है। सब बातों को एकदम समझ लेना बड़ा कठिन है। फिर भी, उनका स्पष्टीकरण आखिर तुम्हीं में तो है। वास्तव में कभी किसी व्यक्ति ने किसी दूसरे को नहीं सिखाया। हममें से प्रत्येक को अपने-आपको सिखाना होगा। बाहर के गुरु तो केवल उद्दीपक कारण मात्र हैं, जो हमारे अन्तःस्थ गुरु को सब विषयों का मर्म समझने के लिए उद्बोधित कर देते है। तब बहुत-स्त्री बातें हमारी स्वयं की विचारशक्ति से स्पष्ट हो जाती हैं और उनका अनुभव हम अपनी ही आत्मा में करने लगते हैं; और यह अनुभूति ही हमारी प्रबल इच्छाशक्ति में परिणत हो जाती है। पहले भाव, और फिर इच्छाशक्ति। इस इच्छाशक्ति से कर्म करने की वह जबरदस्त शक्ति पैदा होती है जो हमारी प्रत्येक नस, प्रत्येक शिरा और प्रत्येक पेशी में कार्य करती रहती है जब तक कि हमारा समस्त शरीर इस निष्काम कर्मयोग का एक यन्त्र ही नहीं बन जाता। और इसके फलस्वरूप हमें अपना वांछित पूर्ण आत्मत्याग एवं परम निःस्वार्थता प्राप्त हो जाती है। यह प्राप्ति किसी प्रकार के मतामत या विश्वास के ऊपर निर्भर नहीं है। चाहे कोई ईसाई हो, यहूदी अथवा जेन्टाइल - इससे कोई अन्तर नहीं पड़ता। प्रश्न तो यह है कि क्या तुम निःस्वार्थ हो? यदि तुम हो, तो चाहे तुमने एक भी धार्मिक ग्रन्थ का अध्ययन न किया हो चाहे तुम किसी भी गिर्जा या मन्दिर में न गये हो फिर भी तुम पूर्णता को प्राप्त हो जाओगे। प्रत्येक योग इसमें समर्थ है कि वह बिना किसी दूसरे योग की सहायता के भी मनुष्य पूर्ण बना दे; क्योंकि उन सब योगों का लक्ष्य एक ही है। कर्मयोग, ज्ञानयोग तथा भक्तियोग - सभी मुक्तिलाभ के लिए साक्षात् और स्वतन्त्र उपाय हो सकते हैं। "सांख्य योगो पृथक् बाला: प्रवदन्ति न पण्डिताः।" "केवल अज्ञ लोग ही कहते हैं कि कर्म और ज्ञान भिन्न-भिन्न हैं ज्ञानी लोग नहीं।" ज्ञानी यह जानता है कि यद्यपि ऊपर से ये लोग एक दूसरे से विभिन्न प्रतीत होते हैं परन्तु अन्त में वे सब एक ही लक्ष्य में ले जाते हैं और वह लक्ष्य है पूर्णता।

मुक्ति

हम पहले कह चुके हैं कि 'कर्म' शब्द 'कार्य' के अतिरिक्त कार्य- कारण भाव को भी सूचित करता है। कोई कार्य, कोई विचार, जो फल उत्पन्न करता है 'कर्म' कहलाता है इसलिए 'कर्मविधान' का अर्थ है कार्य- कारण सम्बन्ध का नियम; यदि कारण रहे, तो उसका फल भी अवश्य होगा। इसका व्यतिक्रम कभी हो नहीं सकता। भारतीय दर्शन के अनुसार यह 'कर्मविधान' समस्त जगत् पर लागू है। हम जो कुछ देखते है, अनुभव करते हैं अथवा जो कुछ कर्म करते हैं वह एक ओर तो पूर्व कर्म का फल है और दूसरी ओर वही कारण होकर अन्य फल उत्पन्न करता है। इसके साथ ही साथ हमें यह भी समझ लेना आवश्यक है कि 'विधान' अथवा 'नियम शब्द का अर्थ क्या है। मनोविज्ञान की दृष्टि से इसका अर्थ है - घटना श्रेणियों की पुनरावर्तन की ओर प्रवृत्ति। जब हम देखते हैं कि एक घटना के बाद कोई दूसरी घटना होती है अथवा दो घटनाएँ साथ ही साथ होती हैं, तब हम सोचते है कि इस प्रकार सर्वदा ही होता रहेगा। हमारे देश के प्राचीन नैयायिक इसे 'व्याप्ति' कहते है। उनके मतानुसार नियम सम्बन्धी हमारी समस्त धारणाएँ इसी व्याप्ति के आधार पर होती है। अनेक प्रकार की घटना श्रेणियाँ अपरिवर्तनीय क्रम से हमारे मन में गुँथी हुई रहती हैं। यही कारण है कि कभी-कभी किसी विषय का अनुभव करते ही वह तुरन्त मन के अन्तर्गत अन्य कुछ बातों से सम्बद्ध हो जाता है। कोई एक भाव अथवा, हमारे मनोविज्ञान के अनुसार, चित्त में उत्पन्न कोई एक तरंग सदैव उसी प्रकार की अन्य तरंगों को उत्पन्न कर देती है। इसी को भाव-योग विधान (Low of the Association Ideas) कहते हैं और 'कार्य-कारण सम्बन्ध' इसी 'व्याप्ति' नामक योगविधान का एक पहलू मात्र है।

अन्तर्जगत् तथा बाह्य जगत् दोनों में 'नियमतत्त्व' अथवा नियम की कल्पना एक ही है और वह है - यह आशा रखना कि एक घटना के बाद दूसरी एक विशिष्ट घटना होगी और इस क्रमपरम्परा की पुनरावृत्ति होती रहेगी। यदि ऐसा हो तो फिर वास्तव में प्रकृति में कोई नियम नहीं है। कार्यतः यह कहना भूल होगी कि पृथ्वी में गुरुत्वाकर्षण शक्ति है अथवा पृथ्वी के किसी स्थान में कोई नियम विद्यमान है। हमारा मन जिस प्रणाली से कुछ घटना श्रेणियों की धारणा करता है उस प्रणाली को ही हम नियम कहते हैं और यह हमारे मन में ही स्थित है। मान लो, कुछ घटनाएँ एक के बाद दूसरी अथवा एक साथ घटीं। इससे हमारे मन में यह दृढ़ धारणा हो गयी कि भविष्य में नियमित रूप से पुनः-पुनः ऐसा होगा। और इस प्रकार हमारा मन यह ग्रहण करने में समर्थ हो गया कि सारी घटना श्रेणी किस प्रकार घटित हो रही है। बस इसी को हम नियम कहते हैं।

'अब प्रश्न यह है कि नियम के सर्वव्यापी होने का क्या अर्थ है। हमारा जगत् अनन्त सत्ता का वह अंश है जो हमारे देश के मनोवैज्ञानिकों के शब्दों में, 'देश-काल-निमित्त' द्वारा सीमाबद्ध है। इससे यह निश्चित है कि नियम केवल इस सीमाबद्ध जगत् में ही सम्भव है इसके परे कोई नियम सम्भव नहीं। जब कभी हम जगत् की चर्चा करते हैं तो उससे हमारा अभिप्राय होता है सत्ता का केवल वही अंश, जो हमारे मन द्वारा सीमाबद्ध है। केवल यह इन्द्रियगोचर जगत् ही - जिसे हम देख, सुन और अनुभव कर सकते हैं स्पर्श कर सकते है, जिसे विचार और कल्पना में ला सकते हैं - नियमों के आधीन है। पर इसके बाहर और कहीं नियम का प्रभाव नहीं, क्योंकि हमारे मन और इन्द्रियगोचर संसार से परे कार्य-कारण भाव की पहुँच हो नहीं सकती। जो कुछ भी हमारे मन और इन्द्रियों के अतीत है वह कार्य- कारण के नियम द्वारा बद्ध नहीं है; क्योंकि इन्द्रियातीत पदार्थ में मन का सम्बन्ध या योग नहीं हो सकता, और इस प्रकार के भावसम्बन्ध या भाव- योग बिना कार्य-कारण सम्बन्ध ही नहीं हो सकता। जब यह 'अस्तित्व' या सत्ता नामरूप के बन्धनों में जकड़ जाती है, तभी यह कार्य-कारण नियम के सामने सिर झुकाती है और तब यह 'नियम' के आधीन कही जाती है क्योंकि सभी नियमों का मूल है यही कार्य-कारण सम्बन्ध। अतएव इससे यह स्पष्ट है कि 'स्वाधीन इच्छा' नामक कोई चीज नहीं हो सकती। 'स्वाधीन इच्छा' यह

शब्दप्रयोग ही स्वविरोधी है; क्योंकि इच्छा क्या है, हम जानते हैं; और जो कुछ हम जानते हैं; सब इस जगत् के ही अन्तर्गत है; तथा जो कुछ हमारे इस जगत् के अन्तर्गत है वह सभी देश-काल-निमित्त के साँचे में ढला हुआ है। अतएव, जो कुछ हम जानते हैं, या संभवतः जान सकते हैं वह सभी कुछ कार्य-कारण नियम के अधीन है; और जो कुछ कार्य-कारण नियमाधीन होता है वह क्या कभी स्वाधीन हो सकता है? उसके ऊपर अन्यान्य वस्तुएँ अपना कार्य करती हैं और वह स्वयं भी एक समय कारण बन जाता है। बस इसी प्रकार सब चल रहा है। परन्तु जो इच्छा के रूप में परिणत हो जाता है जो पहले इच्छा के रूप में नहीं था, परन्तु बाद में देश-काल-निमित्त के साँचे में पड़ने से मानवी इच्छा हो गया, वह अवश्य स्वाधीन है; और इस देश-काल-निमित्त के साँचे से जब यह इच्छा मुक्त हो जाएगी, तो वह पुनः स्वतन्त्र हो जाएगा। स्वाधीनता या मुक्तावस्था से वह आता है आकर इस बन्धनरूपी साँचे में पड़ जाता है और फिर उससे निकलकर पुनः स्वाधीनता को प्राप्त हो जाता है।

प्रश्न पूछा गया था कि यह जगत् कहाँ से आया है, किसमें अवस्थित है और फिर किसमें इसका लय हो जाता है? इसका उतर दिया गया कि मुक्तावस्था से इसकी उत्पत्ति होती है बन्धन में इसकी अवस्थिति है और मुक्ति में ही इसका लय होता है। अतएव जब हम यह कहते हैं कि मनुष्य उसी अनन्त सत्ता का प्रकाश मात्र है, तो उससे हमारा तात्पर्य यही होता है कि वह उस अनन्त सत्ता का एक अत्यन्त क्षुद्र अंश मात्र है। यह शरीर तथा यह मन, जो हमें दिखायी देता है, समग्र प्रकृत मनुष्य का एक अंश मात्र है - उसी अनन्त पुरुष का केवल एक क्षुद्र अंश है। यह सारा ब्रह्माण्ड उसी अनन्त पुरुष का एक अंश है। और हमारे समस्त विधान, हमारे सारे बन्धन, हमारा आनन्द विशद, सुख, हमारी आशा आकांक्षा सभी केवल इस क्षुद्र जगत् के अन्तर्गत है। हमारी उन्नति अवनति सभी इस क्षुद्र जगत् के अन्तर्गत है। अतएव आपने देखा, इस जगत् के - इस मनःकल्पित जगत् के चिरकाल तक रहने की आशा करना और स्वर्ग जाने की अभिलाषा करना कैसी नासमझी है! स्वर्ग और है क्या? हमारे इस जगत् की पुनरावृत्ति ही तो! आप यह स्पष्ट देख सकते है कि इस अखिल अनन्त सत्ता को अपने इस सान्त जगत् के समान कर लेने की इच्छा करना कैसी नासमझी की बात है, कैसा असम्भव व्यापार है! अतएव यदि कोई मनुष्य यह कहे कि जिस भाव में वह अभी है

उसी में चिरकाल तक रहेगा, जो कुछ अभी उसके पास है उसे ही लेकर सदा के लिए विद्यमान रहेगा, अथवा, जैसा कि मैं कभी-कभी कहा करता हूँ यदि वह 'आरामपूर्ण धर्म' की इच्छा करे, तो तुम यह निश्चय जान लो कि वह इतना गिर चुका है कि वह अपनी वर्तमान अवस्था से अधिक उच्च और कुछ सोच ही नहीं सकता - अपनी क्षुद्र वर्तमान परिस्थिति के अतिरिक्त अन्य किसी परिस्थिति की धारणा तक नहीं कर सकता। वह अपने अनन्त स्वरूप को भूल चुका है और उसकी सारी भावनाएँ क्षुद्र सुख, दुःख और ईर्ष्या आदि ही में आबद्ध हैं। इस सान्त जगत् को ही वह अनन्त मान लेता है; केवल इतना ही नहीं, वह इस अज्ञान को किसी भी हालत में छोड़ना नहीं चाहता। एक जोंक के समान वह इस जीवन से चिपका रहता है। प्राण भले ही जायें, पर वह यह तृष्णा कभी न छोड़ेगा हमारे इस छोटे-से ज्ञात संसार के बाहर कौन जाने और भी कितने असंख्य प्रकार के सुख-दुःख, जीव जन्तु, विधि विधान, उन्नति के नियम और कार्य-कारण सम्बन्ध विद्यमान हैं। पर उससे क्या? आखिर वे सब भी तो हमारी अनन्त प्रकृति के केवल एक भाग मात्र ही हैं।

मुक्तिलाभ करने के लिए हमें इस ससीम विश्व के परे जाना होगा; मुक्ति यहाँ प्राप्त नहीं हो सकती। पूर्ण साम्यावस्था का लाभ, अथवा ईसाई लोग जिसे 'बुद्धि से अतीत शान्ति' कहते है, उसकी प्राप्ति इस जगत् में नहीं हो सकती, और न स्वर्ग में ही अथवा न किसी ऐसे स्थान में ही जहाँ हमारे मन और विचार जा सकते हैं जहाँ हम इन्द्रियों द्वारा किसी प्रकार का अनुभव प्राप्त कर सकते हैं अथवा जहाँ हमारी कल्पनाशक्ति काम कर सकती है। इस प्रकार के किसी भी स्थान में हमें मुक्ति नहीं प्राप्त हो सकती, क्योंकि ऐसे सब स्थान निश्चय ही हमारे जगत् के अन्तर्गत होंगे और यह जगत् तो देश, काल और निमित्त के बन्धनों से जकड़ा हुआ है। सम्भव है, कुछ ऐसे भी स्थान हों, जो हमारी इस पृथ्वी की अपेक्षा अधिक सूक्ष्म हों, जहाँ के सुखभोग यहाँ से अधिक उत्कट हों, परन्तु वे स्थान भी तो हमारे विश्व के ही अन्तर्गत होंगे, और इसी कारण नियमों की सीमा के भीतर भी होंगे। अतएव हमें इस विश्व के परे जाना होगा। और वास्तव में सच्चा धर्म तो वहाँ आरम्भ होता है, जहाँ इस क्षुद्र जगत् का अन्त हो जाता है। वहाँ इन छोटे-छोटे सुख, दुःख और ज्ञान का अन्त हो जाता है और प्रकृत धर्म आरम्भ होता है। जब तक हम जीवन के प्रति इस तृष्णा को नहीं छोड़ते, इन क्षणभंगुर

सान्त विषयों के प्रति अपनी प्रबल आसक्ति का त्याग नहीं करते, तब तक इस जगत् से अतीत उस असीम मुक्ति की एक झलक भी पाने की आशा करना व्यर्थ है। अतएव यह नितान्त युक्तियुक्त है कि मानवहृदय की समस्त उदात्त स्पृहाओं की चरम गति - मुक्ति - को प्राप्त करने का केवल एक ही उपाय है और वह है इस क्षुद्र जीवन का त्याग, इस क्षुद्र जगत् का त्याग, इस पृथ्वी का त्याग, स्वर्ग का त्याग, शरीर का, मन का एवं सीमाबद्ध सभी वस्तुओं का त्याग। यदि हम मन एवं इन्द्रियगोचर इस छोटे-से जगत् से अपनी आसक्ति हटा लें, तो उसी क्षण हम मुक्त हो जाएँगे। बन्धन से मुक्त होने का एकमात्र उपाय है सारे नियमों के बाहर चले जाना - कार्य-कारण शृंखला के बाहर हो जाना।

किन्तु इस संसार के प्रति आसक्ति का त्याग करना बड़ा कठिन है। बहुत ही थोड़े लोग ऐसा कर पाते हैं। हमारे शास्त्रों में इसके लिए दो मार्ग बताये गये है। एक 'नेति, नेक्ति' (यह नहीं, यह नहीं) कहलाता है और दूसरा 'इति, इति'। पहला मार्ग निवृत्ति का है जिसमें नेति नेति' करते हुए सर्वस्व का त्याग करना पड़ता है, और दूसरा है प्रवृत्ति का, जिसमें 'इति, इति' करते हुए सब वस्तुओं का भोग करके फिर उनका त्याग किया जाता है। निवृत्ति मार्ग अत्यन्त कठिन है यह केवल प्रबल इच्छाशक्ति सम्पन्न तथा विशेष उन्नत महापुरुषों के लिए ही साध्य है। उनके कहने भर की देर है ' 'नहीं, मुझे यह नहीं चाहिए» कि बस उनका शरीर और मन तुरन्त उनकी आज्ञा का पालन करता है और वे संसार के बाहर चले जाते है। परन्तु ऐसे लोग बहुत ही दुर्लभ हैं। यही कारण है कि अधिकांश लोग प्रवृत्ति मार्ग ग्रहण करते हैं। इसमें उन्हें संसार में से ही होकर जाना पड़ता है, और इन बन्धनों को तोड़ने के लिए इन बन्धनों की ही सहायता लेनी पड़ती है। यह भी एक प्रकार का त्याग है - अन्तर इतना ही है कि यह धीरे-धीरे क्रमशः सब पदार्थों को जानकर उनका भोग करके और इस प्रकार उनके सम्बन्ध में अनुभव लाभ करके प्राप्त होता है। इस प्रकार विषयों का स्वरूप भलीभांति जान लेने से मन अन्त में उन सब को छोड़ देने में समर्थ हो जाता है और आसक्तिशून्य बन जाता है। अनासक्ति के प्रथमोक्त मार्ग का साधन है विचार और दूसरे का कर्म। प्रथम मार्ग ज्ञानयोगी का है - वह सभी कर्मों का त्याग करता है; दूसरा कर्मयोगी का है - उसे निरन्तर कर्म करते रहना पड़ता है। इस जगत् में प्रत्येक मनुष्य को कर्म

करना ही पड़ेगा, केवल वही व्यक्ति कर्म से परे है, जो सम्पूर्ण रूप से आत्मतृप्त है जिसे आत्मा के अतिरिक्त अन्य कोई भी कामना नहीं, जिसका मन आत्मा को छोड़ अन्यत्र कहीं भी गमन नहीं करता, जिसके लिए आत्मा ही सर्वस्व है। शेष सभी व्यक्तियों को तो कर्म अवश्य ही करना पड़ेगा। जिस प्रकार एक जलस्रोत स्वाधीन भाव से बहते-बहते किसी गढ़े में गिरकर एक भँवर का रूप धारण कर लेता है और उस भँवर में कुछ देर चक्कर काटने के बाद पुनः एक उन्मुक्त स्रोत के रूप में बाहर आकर अनिर्बन्ध रूप से बह निकलता है उसी प्रकार यह मनुष्य जीवन भी है। यह भी भँवर में पड़ जाता है - नाम रूपात्मक जगत् में पड़कर कुछ समय एक गोते खाता हुआ चिल्लाता है 'यह मेरा बाप' 'यह मेरी माँ, 'यह मेरा भाई' 'यह मेरा नाम' 'यह मेरा यश, ' आदि आदि। फिर अन्त में बाहर निकलकर पुनः अपना मुक्तभाव प्राप्त कर लेता है। समस्त संसार का यही हाल है। हम चाहे जानते हों या न जानते हो, ज्ञानवश या अज्ञानवस हम सभी इस संसार- स्वप्न से होश में आने का यत्न कर रहे हैं। मनुष्य का सांसारिक अनुभव इसीलिए है कि वह उसे इस जगत् के भँवर से बाहर निकाल दे।

तो फिर कर्मयोग क्या है? - कर्म के रहस्य का ज्ञान। हम देखते हैं कि सारा संसार कर्म में रत है। यह सब किसलिए है? - मुक्तिलाभ के लिए, स्वाधीनता के लिए। एक छोटे परमाणु से लेकर सर्वोच्च प्राणी तक सभी ज्ञानवश अथवा अज्ञानवश, एक ही उद्देश्य के लिए कार्य किये जा रहे हैं और वह है - शारीरिक स्वाधीनता, मानसिक स्वाधीनता, आध्यात्मिक स्वाधीनता। सभी पदार्थ निरन्तर स्वाधीनता पाने की चेष्टा कर रहे हैं बन्धन से मुक्त होने का प्रयत्न कर रहे हैं। सूर्य, चन्द्र, पृथ्वी, यह आदि सभी बन्धन से दूर होने की चेष्टा कर रहे हैं। कहा जा सकता है कि सारा जगत् केन्द्राभिमुखी और केन्द्रापसारी शक्तियों की एक क्रीड़ाभूमि है। संसार में इधर उधर धक्के खाकर तथा बहुत समय तक चोटें सहकर फिर प्रकृत तत्त्व को जानने की अपेक्षा हमें कर्मयोग द्वारा सहज ही कर्म का रहस्य, कर्म की पद्धति तथा अल्प परिश्रम द्वारा अधिक कार्य करने की रीति ज्ञात हो जाती है। यदि हमें कर्मयोग के उपयोग का ज्ञान न रहे तो व्यर्थ ही हमारी बहुत-स्त्री शक्ति क्षय हो जाएगी। कर्मयोग कर्म की एक विद्या ही बना लेता है। इस विद्या द्वारा तुम यह जान सकते हो कि संसार के समस्त कार्यों का सद्व्यवहार

किस प्रकार करना चाहिए। कर्म तो अवश्यम्भावी है - करना ही पड़ेगा किन्तु सर्वोच्च ध्येय को समुख रखकर कार्य करो। कर्मयोग हमें इस बात पर विवश कर देता है कि यह दुनिया केवल दो दिन की है, इसमें से होकर हमें गुजरना ही होगा; किन्तु मुक्ति इसके भीतर नहीं है उसके लिए तो हमें इस संसार से परे जाना होगा। संसार से परे जाने के इस मार्ग को प्राप्त करने के लिए हमें धीरे-धीरे परन्तु दृढ़ पगों से इसी संसार में से होकर जाना होगा। हों, कुछ ऐसे विशेष महापुरुष हो सकते हैं, जिनके सम्बन्ध में मैंने अभी कहा है जो एकदम संसार से अलग खड़े होकर उसे उसी प्रकार त्याग सकते हैं जिस प्रकार साँप अपनी केंचुली को छोड़कर, एक ओर खड़े होकर उसे देखता है। ऐसे विशेष महापुरुष कुछ अवश्य हैं, पर अधिकांश व्यक्तियों को तो इस कर्मबहुल संसार में से ही धीरे-धीरे होकर जाना पड़ता है। और कर्मयोग उसमें अधिक से अधिक कृतकार्य होने की रीति, उसका रहस्य एवं उपाय दिखा देता है।

कर्मयोग क्या कहता है। वह कहता है कि तुम निरन्तर कर्म करो परन्तु कर्म में आसक्ति का त्याग कर दो। अपने को किसी भी विषय के साथ एक मत कर डालो - अपने मन को सदैव स्वाधीन रखो। संसार में तुम्हें जो सुख-दुःख दिखायी देते हैं, वे तो विश्व के अवश्यम्भावी व्यापार हैं। दारिद्र, सम्पत्ति, सुख ये सब क्षणभंगुर ही हैं, वास्तव में हमारे प्रकृत स्वभाव से इनका कोई सम्बन्ध नहीं। हमारा प्रकृत स्वरूप तो सुख और दुःख से एकदम परे है, प्रत्यक्ष और कल्पनागोचर विषयों के बिलकुल अतीत है; परन्तु फिर भी हमें निरन्तर कर्म करते रहना चाहिए। 'क्लेश' आसक्ति से ही उत्पन्न होता है, कर्म से नहीं। 'ज्यों ही हम अपने कर्म से अपने- आपको एक कर डालते हैं त्यों ही 'क्लेश' उत्पन्न होता है; परन्तु यदि हम अपने को उससे पृथक् रखें तो हमें वह क्लेश छू तक नहीं सकता। यदि किसी दूसरे मनुष्य का कोई सुन्दर चित्र जल जाता है, तो देखने वाले व्यक्ति को कोई दुःख नहीं होता, परन्तु यदि उसका अपना चित्र जल जाय, तो उसे कितना दुःख होता है! ऐसा क्यों? दोनों ही चित्र सुन्दर थे और सम्भव है दोनों एक ही मूल चित्र की नकल रहे हों; परन्तु एक दशा में उस व्यक्ति को बिलकुल क्लेश नहीं हुआ, पर दूसरी में बहुत हुआ। इसका कारण यही है कि पहली दशा में वह अपने को चित्र से पृथक् रखता है, परन्तु दूसरी दशा में अपने को उससे एकरूप कर देता है। यह 'मैं और मेरा ही समस्त क्लेश की जड़ है। अधिकार की भावना के साथ

ही स्वार्थ आ जाता है और स्वार्थपरता से ही क्लेश उत्पन्न होता है। प्रत्येक स्वार्थपर कार्य और विचार हमें किसी न किसी वस्तु से आसक्त कर देता है और हम तुरन्त ही उस वस्तु के दास बन जाते हैं। चित्त का प्रत्येक स्पन्दन, जिसमें 'मैं और मेरे' की भावना रहती है, हमें उसी क्षण जंजीरों से जकड़कर गुलाम बना देता है। हम जितना ही 'मैं, और' 'मेरा' कहते है, दासत्व का भाव हममें उतना ही बढ़ता जाता है और हमारे क्लेश भी उतने ही अधिक बढ़ जाते हैं। अतएव कर्मयोग हमें शिक्षा देता है कि हम संसार के समस्त चित्रों के सौन्दर्य का आनन्द उठायें, परन्तु उसमें से किसी भी एक के साथ एकरूप न हो जायें। कभी यह न कहो कि यह मेरा है। जब कभी हम यह कहेंगे कि अमुक वस्तु मेरी है, तो उसी क्षण क्लेश हमें आ घेरेगा। अपने मन में भी कभी न कहो कि यह 'मेरा बच्चा' है। बच्चे को लेकर प्यार करो, परन्तु यह न कहो कि वह 'मेरा' है। 'मेरा' कहने से ही क्लेश उत्पन्न होगा। 'मेरा घर' 'मेरा शरीर' आदि न कहो। कठिनाई तो यहीं पर है। शरीर न तो तुम्हारा है, न मेरा और न अन्य किसी का। ये शरीर तो प्रकृति के नियमों के अनुसार आते जाते रहते हैं, परन्तु हम बिलकुल मुक्त हैं - केवल साक्षी मात्र हैं। जिस प्रकार एक चित्र या एक दीवाल स्वाधीन नहीं है उसी प्रकार यह शरीर भी स्वाधीन नहीं है। फिर हम इस शरीर में ऐसे आसक्त क्यों हो? एक चित्रकार एक चित्र बना देता है - और बस चल देता है। आसक्ति की यह स्वार्थी भावना न उठने दो कि 'मैं इस पर अपना अधिकार जमा लूँ। ' ज्यों ही यह भावना उत्पन्न होमी, त्यों ही क्लेश आरम्भ हो जाएगा।

अतएव, कर्मयोग शिक्षा देता है कि सब से पहले तुम स्वार्थपरता के अंकुर के बढ़ने की इस प्रवृत्ति को नष्ट कर दो। और जब तुममें इसके दमन की क्षमता आ जाय, तो मन को बस वही रोक लो, स्वार्थपरता की इन लहरों में उसे मत बह जाने दो। फिर तुम संसार में चले जाओ और यथाशक्ति कर्म करो। फिर तुम सब से मिल सकते हो, जहां चाहो जा सकते हो, तुम्हें कुछ भी स्पर्श न कर सकेगा। पानी में रहते हुए भी जिस प्रकार पद्मपत्र को पानी स्पर्श नहीं कर सकता और न उसे भिगा सकता हैं, उसी प्रकार तुम भी संसार में निर्लिप्त भाव से रह सकोगे। इस को 'वैराग्य' कहते हैं इसी को कर्मयोग की नींव - अनासक्ति - कहते है। मैंने तुम्हें बताया ही है कि अनासक्ति के बिना किसी भी प्रकार की योगसाधना नहीं हो सकती। अनासक्ति ही समस्त योग-

साधना की नींव है। हो सकता है कि जिस मनुष्य ने अपना घर छोड़ दिया है, अच्छे वस्त्र पहनना छोड़ दिया है, अच्छा भोजन करना छोड़ दिया है और जो मरुस्थल में जाकर रहने लगा है, वह भी एक घोर क्यियासक्त व्यक्ति हो। उसकी एकमात्र सम्पत्ति - उसका शरीर - ही उक्का सर्वस्व हो जाय और वह उसी के सुख के लिए सतत प्रयत्न करे। अनासक्ति बाह्य शरीर पर निर्भर नहीं है वह तो मन पर निर्भर है। 'मैं और मेरे' की जंजीर तो मन में ही रहती है। यदि शरीर और इन्द्रियगोचर विषयों के साथ इस जंजीर का सम्बन्ध न रहे तो फिर हम कहीं भी क्यों न रहें, हम बिलकुल अनासक्त रहेंगे। हो सकता है कि एक व्यक्ति राजसिंहासन पर बैठा हो, परन्तु फिर भी बिलकुल अनासक्त हो; और दूसरी ओर यह भी सम्भव है कि एक व्यक्ति चिथड़ों में हो, पर फिर भी वह बुरी तरह आसक्त हो। पहले हमें इस प्रकार की अनासक्ति प्राप्त कर लेनी होगी, और फिर सतत कार्य करते रहना होगा। यद्यपि यह है बड़ा कठिन, परन्तु फिर भी कर्मयोग हमें अनासक्त होने की रीति सिखा देता है।

आसक्ति का सम्पूर्ण त्याग करने के दो उपाय है, प्रथम उपाय उन लोगों के लिए है, जो न तो ईश्वर में विश्वास करते हैं और न किसी बाहरी सहायता में। वे अपने-अपने कौशल एवं उपायों का अवलम्बन करें। उन्हें अपनी ही इच्छाशक्ति, मनःशक्ति एवं विचार का अवलम्बन करके कार्य करना होगा - उन्हें दृढ़तापूर्वक कहना होगा, 'मैं अनासक्त होऊँगा ही। 'जो ईश्वर पर विश्वास करते हैं, उनके लिए एक दूसरा मार्ग है, जो इसकी अपेक्षा बहुत सरल है। वे समस्त कर्मफलों को ईश्वर को अर्पित करके कर्म करते जाते हैं इसलिए कर्मफल में कभी आसक्त नहीं होते। वे जो कुछ देखते हैं अनुभव करते है, सुनते अथवा करते है, वह सब भगवान के लिए ही होता है। हम जो कुछ भी सत् कार्य करें, उससे हमें किसी प्रकार की प्रशंसा अथवा लाभ की आशा नहीं करनी चाहिए। वह तो सब प्रभु का ही है। सारे फल उन्हीं के श्रीचरणों में अर्पित कर दो। हमें तो एक किनारे खड़े हो यह सोचना चाहिए कि हम तो केवल प्रभु के - अपने स्वामी के आज्ञाकारी भृत्य हैं और हमारी प्रत्येक कर्म प्रवृत्ति प्रतिक्षण उन्हीं के पास से आ रही है। -

यत्करोषि यदश्नासि यन्द्रहोसि ददासि यत्।
यत्तपस्यसि कौन्तेय तऊरुष्य मदर्पणम्।। - गीता, १।२७

तुम जो कुछ पूजा करो ध्यान करो, अथवा कर्म करो, सब उन्हीं को अर्पण कर दो और स्वयं निश्चिंत हो जाओ। हम शान्ति से रहें - पूर्ण शान्ति से रहें और अपना सम्पूर्ण शरीर मन, यहाँ तक कि अपना सर्वस्व श्रीभगवान के समक्ष चिर बलिस्वरूप दे दें। अग्नि में घी की आहुतियाँ देने की अपेक्षा दिन रात केवल यही एक महान् आहुति - अपने इस क्षुद्र 'अहं' की आहुति - देते रहो। "संसार में धन की खोज में लगे हुए हे प्रभु मैंने केवल तुम्हीं को एकमात्र धन पाया; मैं तुम्हारे श्रीचरणों में आत्मसमर्पण करता हूँ। संसार में किसी प्रेमास्पद की खोज करते-करते हे नाथ, केवल तुम्हीं को मैंने एकमात्र प्रेमास्पद पाया; मैं तुम्हारे श्रीचरणों में आत्मसमर्पण करता हूँ। "हमें चाहिए कि हम दिन रात यही दुहराते रहें और कहें, "हे प्रभु! मुझे कुछ नहीं चाहिए। कोई वस्तु चाहे अच्छी हो, चाहे बुरी, मुझे उससे तनिक भी प्रयोजन नहीं। मैं सब कुछ तुम्हीं को समर्पण करता हूँ।"

रात दिन हमें इस तथाकथित भासमान 'अहं' का त्याग करते रहना चाहिए, जब तक कि यह अभ्यास के रूप में परिणत न हो जाय, तब तक कि यह हमारे शरीर की शिरा-शिरा में नस-नस में और मस्तिष्क में व्याप्त न हो जाय और हमारा सम्पूर्ण शरीर ही प्रतिक्षण आत्मत्याग के इस भाव के आधीन न हो जाय। फिर जहाँ हमारी इच्छा हो हम जा सकते हैं; हमें फिर कुछ भी स्पर्श न कर सकेगा। चाहे हम गोले-बारूद की तुमुल आवाज से पूर्ण रणक्षेत्र में भी क्यों न चले जाये, फिर भी हम सदैव मुक्त, स्वाधीन और शान्त ही रहेंगे।

कर्मयोग हमें इस बात की शिक्षा देता है कि 'कर्तव्य' की जो भावना है, वह एक निम्न श्रेणी की चीज है - 'कर्तव्यबुद्धि' से कोई कार्य केवल निम्न भूमि में ही किया जाता है। फिर भी हममें से प्रत्येक को अपने कर्तव्य कर्म करने ही होंगे। परन्तु हम देखते हैं कि कर्तव्य की यह भावना ही अनेक बार हमारे दुःखों का एकमात्र कारण होती है। कर्तव्य हमारे लिए एक प्रकार का रोग सा हो जाता है और हमें सदा उसी दिशा में खींचता रहता है। यह हमें पक्का जकड़ लेता है और हमारे पूरे जीवन को दुःखपूर्ण कर देता है। यह तो मनुष्य जीवन के लिए महा विभीषिका स्वरूप है। यह कर्तव्यबुद्धि ग्रीष्मकाल के मध्याह्न सूर्य की नाई है, जो मनुष्य की अन्तरात्मा को दग्ध कर देती है। जरा कर्तव्य के उन बेचारे गुलामों की ओर तो देखो! उनका कर्तव्य तो

उन्हें इतनी भी छुट्टी नहीं देता कि वे पूजा पाठ अथवा स्नान ध्यान कर सकें। कर्तव्य उन्हें प्रतिक्षण घेरे रहता है। वे बाहर जाते हैं और काम करते हैं कर्तव्य सदा उनके सिर पर सवार रहता है। वे घर आते हैं और फिर अगले दिन का काम सोचने लगते हैं; कर्तव्य उन पर सवार हो रहता है। यह तो एक गुलाम की जिन्दगी हुई! फिर एक दिन ऐसा आ जाता है कि वे कसेकसाये घोड़े की तरह सड़क पर ही गिरकर मर जाते हैं! कर्तव्य की यह सर्वसाधारण कल्पना है। परन्तु अनासक्त होकर एक स्वतन्त्र व्यक्ति की तरह कार्य करना तथा समस्त कर्म भगवान् को समर्पण कर देना ही असल में हमारा एकमात्र कर्तव्य है। हमारे समस्त कर्तव्य तो उन्हीं के हैं। कितने सौभाग्य की बात है कि हम इस संसार में भेजे गये हैं। हम बस अपने निर्दिष्ट कार्य करते जा रहे हैं! कौन जाने, हम उन्हें अच्छे कर रहे हैं या बुरे? उन्हें उत्तम रूप से करने पर भी हम फल की आकांक्षा न करेंगे और बुरी तरह से करने पर भी हम चिन्तित न होंगे। निश्चिन्त होकर स्वाधीन भाव से शान्ति के साथ कर्म करते जाओ। पर हाँ इस प्रकार की अवस्था प्राप्त कर लेना जरा टेढ़ी ही खीर है। दासत्व को कर्तव्य कह देना, अथवा चर्म के प्रति चर्म की घृणित आसक्ति को कर्तव्य कह देना कितना सरल है! मनुष्य संसार में धन अथवा अन्य किसी प्रिय वस्तु की प्राप्ति के लिए एड़ी-चोटी का पसीना एक करता रहता है। यदि उससे पूछो, "ऐसा क्यों कर रहे हो?" तो झट उत्तर देता है "यह तो मेरा कर्तव्य है।" पर असल में यह तो धन के लिए अस्वाभाविक तृष्णा मात्र है। और इस तृष्णा के ऊपर कुछ फूल चढ़ाकर वे उसे ढके रखने की चेष्टा करते हैं।

तब जिसे सब लोग कर्तव्य कहा करते हैं, वह फिर क्या है? वह है केवल आसक्ति - शरीर की गुलामी। जब कोई आसक्ति दृढ़मूल हो जाती है तो उसे ही हम कर्तव्य कहने लगते हैं। उदाहरणार्थ, जहाँ विवाह की प्रथा नहीं है, उन सब देशों में पति पत्नी में आपस में कोई कर्तव्य नहीं होता। क्रमशः समाज में जब विवाह प्रथा आ जाती है तब पति पत्नी एक साथ रहने लगते हैं। उनका यह एक साथ रहना शारीरिक आसक्ति के कारण ही होता है। और कई पीढ़ियों के बाद जब उनका यह एकत्र वास एक प्रथा स्त्री हो जाता है, तब फिर यही एक कर्तव्य के रूप में परिणत हो जाता है। यह तो एक प्रकार की चिरस्थायी व्याधि स्त्री है। यदि एक-आध बार यह प्रबल रूप में प्रतीत होती है तो उसे हम व्याधि कह देते हैं और यदि यह सामान्य भाव से चिरस्थायी हो जाती

है तो इसे हम प्रकृति या स्वभाव कहने लगते हैं। जो भी हो, पर है वह एक रोग ही। आसक्ति चिरस्थायी होकर जब हमारा स्वभाव बन जाती है तो उसे हम 'कर्तव्य' के बड़े नाम से ढक देते हैं। फिर हम उसके ऊपर फूल चढ़ाते हैं, उसके सामने बाजे बजाते है मन्त्रोच्चारण करते हैं। तब यह समस्त संसार उसी कर्तव्य के लिए आपस में लड़ने भिड़ने लगता है और एक दूसरे का धन अपहरण करने लगता है।

कर्तव्य वहीं तक अच्छा है जहाँ तक कि यह पशुत्व भाव को रोकने में सहायता प्रदान करता है। उन निम्नतम श्रेणी के मनुष्यों के लिए जो और किसी उच्चतर आदर्श की धारणा ही नहीं कर सकते शायद कर्तव्य की यह भावना किसी हद तक अच्छी हो, परन्तु जो कर्मयोगी बनना चाहते हैं उन्हें तो कर्तव्य के इस भाव को एकदम त्याग देना चाहिए। असल में हमारे या तुम्हारे लिए कोई कर्तव्य है ही नहीं। जो कुछ तुम संसार को देना चाहते हो अवश्य दो, परन्तु कर्तव्य के नाम पर नहीं। उसके लिए कुछ चिन्ता तक मत करो। बाध्य होकर कुछ भी मत करो। बाध्य होकर भला क्यों करोगे? जो कुछ भी तुम बाध्य होकर करते हो, उससे आसक्ति उत्पन्न होती है। तुम्हारा अपना कोई कर्तव्य क्यों होना चाहिए?

"सब कुछ ईश्वर को ही अर्पण कर दो।" इस संसार की भयानक भट्टी में, जिसमें कर्तव्यरूपी अग्नि सभी को झुलसाती रहती है, तुम उस ईश्वरार्पण भावरूपी अमृत-चषक का पान कसे और प्रसन्न रहो। हम सब तो केवल उन प्रभु की ही इच्छा का पालन कर रहे हैं और किसी प्रकार के पुरस्कार अथवा दण्ड से हमारा कोई सम्बन्ध नहीं। यदि तुम पुरस्कार के इच्छुक हो तो तुम्हें साथ ही दण्ड भी स्वीकार करना पड़ेगा। दण्ड से छुटकारा पाने का केवल यही उपाय है कि तुम पुरस्कार का भी त्याग कर दो। क्लेश से मुक्त होने का एकमात्र उपाय यही है कि तुम सुख की भावना का भी त्याग कर दो, क्योंकि ये दोनों चीजें एक ही में गुँथी हुई हैं। यदि एक ओर सुख है, तो दूसरी ओर क्लेश; एक ओर जीवन है, तो दूसरी ओर मृत्यु। मृत्यु से छुटकारा पाने का एकमात्र उपाय यही है कि जीवन के प्रति आसक्ति का त्याग कर दो। जीवन और मृत्यु दोनों एक ही वस्तु हैं - एक ही वस्तु दो विभिन्न पहलू मात्र। अतएव 'दुःखशून्य सुख' एवं 'मृत्युशून्य जीवन' की भावना, सम्भव है, स्कूल के छोटे-छोटे बच्चों के लिए बड़ी मधुर हो, परन्तु एक चिन्तनशील व्यक्ति को तो यही प्रतीत होता है कि ये

दोनों बातें परस्पर विरोधी हैं और यह समझकर वह इन दोनों का परित्याग कर देता है। जो कुछ तुम करो, उसके लिए किसी प्रकार की प्रशंसा अथवा पुरस्कार की आशा मत रखो। ज्यों ही हम कोई सत् कार्य करते हैं, त्यों ही हम उसके लिए प्रशंसा की आशा करने लगते हैं। ज्यों ही हम किसी सत् कार्य में चन्दा देते हैं, त्यों ही हम चाहने लगते हैं कि हमारा नाम अखबारों में खूब चमक उठे। ऐसी वासनाओं का फल दुःख के अतिरिक्त और क्या होगा? संसार से कई सर्वश्रेष्ठ महापुरुष उठ गये, पर संसार ने उन्हें जाना तक नहीं। देखा जाय तो भगवान् बुद्ध तथा ईसा मसीह भी उन महापुरुषों की तुलना में द्वितीय श्रेणी के हैं; परन्तु संसार उन महापुरुषों के बारे में कुछ जानता तक नहीं। प्रत्येक देश में ऐसे सैकड़ों महापुरुष हुए हैं, परन्तु सदैव वे अपना कार्य चुपचाप ही करते रहे। चुपचाप वे अपना जीवन व्यतीत करते हैं और चुपचाप इस संसार से चले जाते हैं; समय पर उनकी चिन्तनराशि बुद्धों और ईसा मसीहों में व्यक्त भाव धारण करती है और संसार केवल जान पाता है इन्हीं बुद्धों और ईसा मसीहों को। सर्वश्रेष्ठ महापुरुषगण अपने ज्ञान से किसी प्रकार की यशप्राप्ति की कामना नहीं रखते। ऐसे महापुरुष तो केवल संसार के हित के लिए अपने भाव छोड़ जाते हैं; वे अपने लिए किसी बात का दावा नहीं करते और न अपने नाम पर कोई सम्प्रदाय अथवा धर्मप्रणाली ही स्थापित कर जाते हैं। उनका स्वभाव ही इन बातों का विरोधी होता है। ये महापुरुष शुद्धसात्त्विक होते हैं; वे केवल प्रेम से द्रवीभूत होकर रहते हैं। मैंने एक ऐसा योगी देखा है। वे भारतवर्ष में एक गुफा में रहते हैं। मैंने जितने भी अदभुत महापुरुष देखे, उसमें से वे एक हैं। वे अपना 'मैं-पन' यहाँ तक खो चुके हैं कि उनमें से मनुष्य भाव बिलकुल निकल गया है और उनके हृदय पर केवल ईश्वरीय भाव ने ही सम्पूर्ण रूप से अधिकार जमा लिया है। यदि कोई प्राणी उनके एक हाथ में काट लेता हैं, तो उसे वे दूसरा हाथ भी दे देते हैं और कहते हैं, 'यह तो प्रभु की इच्छा है। ' उनके लिए जो कुछ भी उनके पास आता है, सब प्रभु से ही आता है। वे अपने को लोगों के सामने प्रकट नहीं करते, परन्तु फिर भी वे प्रेम तथा मधुर एवं सत्य भावों के प्रस्त्रवणस्वरूप है।

इसके बाद फिर वे लोग हैं, जिनमें अपेक्षाकृत अधिक रजःशक्ति होती है। वे सिद्ध पुरुषों के भावों को ग्रहण करके फिर उनका संसार में प्रचार करते है। सर्वश्रेष्ठ

महापुरुषगण चुपचाप सत्य एवं उदात्त भावों का संग्रह करते है और ये दूसरे - बुद्ध अथवा ईसा मसीह जैसे - एक स्थान से

दूसरे स्थान जाकर भ्रमण करके उनका प्रचार करते है। गौतम बुद्ध के जीवनचरित्र में हम पाते हैं कि वे अपने को निरन्तर यही कहते आये कि वे पचीसवें बुद्ध थे। उनके पहले के चौबीस बुद्धों के इतिहास का हमें कोई ज्ञान नहीं, परन्तु फिर भी यह निश्चित है कि ये हमारे ऐतिहासिक बुद्ध अवश्य ही उन बुद्धों द्वारा डाली हुई भित्ति पर ही अपना धर्मप्रासाद निर्माण कर गये हैं। सर्वश्रेष्ठ महापुरुषगण शान्त, नीरव एवं अपरिचित होते हैं। विचार की प्रचण्ड शक्ति से वे भली भांति परिचित रहते हैं। उनमें यह दृढ़ विश्वास होता है कि यदि वे किसी पर्वत की गुफा में जाकर उसके द्वार बन्द करके केवल चार पाँच सद्विचारों का ही मनन कर इस संसार से चल बसें, तो वे चार पाँच विचार ही अनन्त काल तक विश्व में व्याप्त रहेंगे। वास्तव में ऐसे विचार पर्वतों को भी चीरकर बाहर निकल आएँगे समुद्रों को पार कर जाएँगे और सारे संसार भर में व्याप्त हो जाएँगे। वे मनुष्यों के हृदय एवं मस्तिष्क में इतने गहरे घुस जाएँगे कि उनमें से कुछ ऐसे लोग उत्पन्न होंगे, जो उन्हें कार्यरूप में परिणत करेंगे। ये पूर्वोक्त सात्त्विक व्यक्ति भगवान् के इतने समीप है कि इनके लिए कर्मशील होना, परोपकार करना तथा इस संसार में धर्म प्रचार आदि कार्य करना सचमुच असम्भव सा है। कर्मी व्यक्ति चाहे जितने भी भले क्यों हों, उनमें कुछ न कुछ अज्ञान रह ही जाता है। जब हमारे स्वभाव में कुछ न कुछ अपवित्रता अवशिष्ट रहती है, तभी हम कार्य कर सकते हैं। कर्म के पीछे साधारणतया कोई हेतु या आसक्ति रहना यह तो कर्म के स्वभाव में ही है। जो एक क्षुद्र पक्षी के पतन तक पर भी दृष्टि रखते हैं, उन सतत क्रियाशील विधाता के समक्ष मनुष्य भला अपने कार्य की इतनी बड़ाई कैसे कर सकता है? जब वे संसार के छोटे से छोटे प्राणी की भी चिन्ता रखते हैं, तब मनुष्य के लिए ऐसा सोचना क्या घोर ईश्वर-निन्दा नहीं है? हमें तो उनके सामने ससम्भ्रम, नतमस्तक खड़े होकर केवल यही कहना चाहिए, 'आपकी इच्छा पूर्ण हो। ' सर्वश्रेष्ठ पुरुष तो कार्य कर ही नहीं सकते, क्योंकि उनमें किसी प्रकार की आसक्ति नहीं होती। जो आत्मा में ही आनन्द करते है, जो आत्मा में ही तृप्त रहते हैं और जो आत्मा के साथ सदा के लिए एक हो गये हैं उनके लिए कोई कर्म शेष नहीं रह जाता। यही सर्वश्रेष्ठ मानव हैं। इनके अतिरिक्त अन्य सभी को कर्म करना पड़ेगा। पर

इस प्रकार कर्म करते समय हमें यह कभी न सोचना चाहिए की हम इस संसार में भी किसी छोटे से छोटे प्राणी तक की तनिक भी सहायता कर सकते हैं। असल में वह हम बिलकुल नहीं कर सकते। संसाररूपी इस शिक्षालय में परोपकार के इन कार्यों द्वारा तो हम केवल अपनी ही सहायता करते हैं। कर्म करने का यही सच्चा दृष्टिकोण है। अतएव यदि हम इसी भाव से कर्म करें यदि सदा यही सोचें कि इस समय जो हम कार्य कर रहे हैं वह तो हमारे लिए एक बड़े सौभाग्य की बात है तो फिर हम कभी भी किसी वस्तु में आसक्त न होंगे। इस विश्व में हम तुम जैसे लाखों लोग मन ही मन सोचा करते हैं कि हम एक महान व्यक्ति है; परन्तु एक दिन हमारी मौत हो जाती है और बस पाँच मिनट बाद ही संसार हमें भूल जाता है। किन्तु ईश्वर का जीवन अनन्त है। ' 'यदि इस सर्वशक्तिमान प्रभु की इच्छा न हो, तो एक क्षण के लिए भी कौन जीवित रह सकता है, एक क्षण के लिए भी कौन साँस ले सकता है?" वे ही सतत कर्मशील विधाता हैं। समस्त शक्ति उन्हीं की है और उन्हीं की आज्ञावर्तिनी है।

"भयादस्याग्निस्सपति भयात्तपति सूर्य:।
भयादिन्दश्च वायुश्च मृत्युर्धावति पंचम:।।"

- उन्हीं की आज्ञा से वायु चलती है, सूर्य प्रकाशित होता है, पृथ्वी अवस्थित है और मृत्यु इस संसार में विचरण करती है। वे ही सब कुछ हैं। हम तो उनकी केवल उपासना मात्र कर सकते हैं। कर्मों के समस्त फलों को त्याग दो, भले के लिए ही भला करो - तभी पूर्ण अनासक्ति प्राप्त होगी। तब हृदयग्रंथि छिन्न हो जाएगी और हम पूर्ण मुक्ति प्राप्त कर लेंगे। यह मुक्ति ही वास्तव में कर्मयोग का लक्ष्य है

कर्मयोग का आदर्श

वेदान्त का सब से उदात्त तत्त्व यह है कि हम एक ही लक्ष्य पर भिन्न भिन्न मार्गों से पहुँच सकते हैं। मैंने इन्हें साधारण रूप से चार मार्गों में विभाजित किया है और वे हैं - कर्ममार्ग भक्तिमार्ग, योगमार्ग और ज्ञानमार्ग। परन्तु साथ ही तुम्हें यह भी स्मरण रखना चाहिए कि ये बिलकुल पृथक-पृथक् विभाग नहीं हैं। प्रत्येक एक दूसरे के अन्तर्गत है। किन्तु प्राधान्य के अनुसार ही ये विभाग किये गये हैं। ऐसी बात नहीं कि तुम्हें कोई ऐसा व्यक्ति मिले, जिसमें कर्म करने के अतिरिक्त दूसरी कोई शक्ति न हो अथवा जिसमें केवल भक्ति या केवल ज्ञान के अतिरिक्त और कुछ न हो। ये विभाग केवल मनुष्य की प्रधान प्रवृत्ति अथवा गुणप्राधान्य के अनुसार किये गये हैं। हमने देखा है कि अन्त में ये सब मार्ग एक ही लक्ष्य में जाकर एक हो जाते हैं। सारे धर्म और सारी साधन प्रणाली हमें उसी एक चरम लक्ष्य की ओर ले जा रही हैं।

वह चरम लक्ष्य क्या है यह बताने का यत्न मैं पहले ही कर चुका हूँ। मेरे मतानुसार, वह है मुक्ति। एक छोटे से परमाणु से लेकर मनुष्य तक अचेतन प्राणहीन जड़ वस्तु से लेकर सर्वोच्च मानवात्मा तक जो कुछ भी हम इस विश्व में देखते हैं अनुभव करते या श्रवण करते हैं वे सब के सब मुक्ति की ही चेष्टा कर रहे हैं। असल में इस मुक्ति लाभ के लिए संग्राम का ही फल है - यह जगत्। इस जगत्रूप मिश्रण में प्रत्येक परमाणु दूसरे परमाणुओं से पृथक् हो जाने की चेष्टा कर रहा है, पर दूसरे उसे आबद्ध करके रखे हुए हैं। हमारी पृथ्वी सूर्य से दूर भागने की चेष्टा कर रही है तथा चन्द्रमा पृथ्वी से। प्रत्येक वस्तु अनन्त विस्तारोनुख है। इस संसार में हम जो कुछ भी देखते हैं उस सबका मूल आधार मुक्तिलाभ के लिए यह संग्राम ही है। इसी की प्रेरणा से साधु उपासना करता

है और चोर, चोरी। जब कार्यप्रणाली अनुचित होती है तो उसे हम बुरी कहते हैं और जब कार्यप्रणाली का प्रकाश उचित तथा उच्च होता हैं तो उसे हम अच्छा या श्रेष्ठ कहते हैं। परन्तु दोनों दशाओं में प्रेरणा एक ही होती है, और वह है मुक्तिलाभ के लिए चेष्टा। साधु अपनी बद्ध दशा को सोचकर कातर हो उठता है वह उससे छुटकारा पाने की इच्छा करता है और इसलिए ईश्वरोपासना करता है। इधर चोर भी यह सोचकर परेशान हो जाता है कि उसके पास अमुक वस्तुएँ नहीं हैं। वह उस अभाव से छुटकारा पाने की - मुक्त होने की - कामना करता है और इसलिए चोरी करता है। चेतन अथवा अचेतन समस्त प्रकृति का लक्ष्य यह मुक्ति ही है। जाने या अनजाने सारा जगत् इसी लक्ष्य की ओर पहुँचने का यत्न कर रहा है। पर हाँ, यह अवश्य है कि मुक्ति के सम्बन्ध में एक साधु की धारणा एक चोर की धारणा से नितान्त भिन्न होती है यद्यपि वे दोनों ही छुटकारा पाने की प्रेरणा से कार्य कर रहे हैं। साधु मुक्ति के लिए प्रयत्न करके अनन्त अनिर्वचनीय आनन्द का अधिकारी हो जाता है परन्तु चोर के तो बन्धनों पर बन्धन बढ़ते ही जाते हैं।

प्रत्येक धर्म में मुक्तिलाभ की इस प्रकार चेष्टा का विकास पाया जाता है। यही सारी नीति की, सारी निःस्वार्थपरता की नींव है। निःस्वार्थपरता का अर्थ है - 'मैं यह क्षुद्रशरीर हूँ' इस भाव से परे होना। जब हम किसी मनुष्य को कोई सत् कार्य करते, दूसरों की सहायता करते देखते हैं तो उसका तात्पर्य यह है कि यह व्यक्ति 'मैं और मेरे' के क्षुद्र वृत्त में आबद्ध होकर नहीं रहना चाहता। इस स्वार्थपरता के वृत्त के बाहर बस 'यहीं तक' जाया जा सकता है इस प्रकार की कोई निर्दिष्ट सीमा नहीं है। सारी श्रेष्ठ नीतिप्रणालियाँ यही शिक्षा देती हैं कि सम्पूर्ण स्वार्थत्याग ही चरम लक्ष्य है। मान लो, किसी मनुष्य ने इस सम्पूर्ण स्वार्थत्याग को प्राप्त कर लिया, - तो फिर उसकी क्या अवस्था हो जाती है? फिर वह अमुक-अमुक नामवाला पहले का सामान्य व्यक्ति नहीं रह जाता। उसे तो फिर अनन्त विस्तार लाभ हो जाता है। फिर उसका पहले का वह क्षुद्र व्यक्तित्व सदा के लिए नष्ट हो जाता है - अब तो वह अनन्तस्वरूप हो जाता है। इस अनन्त विकास की प्राप्ति ही असल में समस्त धार्मिक एवं नैतिक शिक्षाओं का लक्ष्य है। व्यक्तित्ववादी जब इस तत्त्व को दार्शनिक रूप में रखा हुआ देखता है तो वह सिहर उठता है। परन्तु साथ ही जब वह स्वयं नीति का

प्रचार करता है तो आखिर वह क्या करता है? - वह भी इस तत्व का ही प्रचार करता है। वह भी मनुष्य की निःस्वार्थपरता की कोई सीमा निर्दिष्ट नहीं करता। मान लो, इस व्यक्तित्ववाद के अनुसार एक मनुष्य सम्पूर्ण रूप से अनासक्त हो गया। तो हम उसमें तथा अन्य संप्रदायों के पूर्ण सिद्ध व्यक्तियों में क्या भेद पाते हैं? वह तो विश्व के साथ एकरूप हो गया है; और इस प्रकार एकरूप हो जाना ही तो सभी मनुष्यों का लक्ष्य है। केवल बेचारे व्यक्तित्ववादी में इतना साहस नहीं कि वह अपनी युक्तियों का, यथार्थ सिद्धान्त पर पहुँचने तक अनुसरण कर सके। निःस्वार्थ कर्म द्वारा मानव-जीवन की चरमावस्था इस मुक्ति का लाभ कर लेना ही कर्मयोग है। अतएव हमारा प्रत्येक स्वार्थपूर्ण कार्य हमारे अपने इस लक्ष्य की ओर पहुंचने में बाधक होता है तथा प्रत्येक निःस्वार्थ कर्म हमें उस चरम अवस्था की ओर आगे बढ़ाता है। इसीलिए 'नीतिसंगत' और 'नीतिविरूद्ध' की यही एकमात्र व्याख्या हो सकती है कि जो स्वार्थपर है वह 'नीतिविरूद्ध' है और जो निःस्वार्थपर है वह 'नीतिसंगत' है।

परन्तु यदि हम कुछ विशिष्ट कर्तव्यों की मीमांसा करें, तो इतनी सरल और सीधी व्याख्या दे देने से काम न चलेगा। जैसा मैं पहले ही कह चुका हूँ? विभिन्न परिस्थितियों में कर्तव्य भिन्न-भिन्न हो जाते हैं। जो एक कार्य अवस्था में निःस्वार्थ होता है हो सकता है वही किसी दूसरी अवस्था में बिलकुल स्वार्थपर हो जाय। अतः कर्तव्य की हम केवल एक साधारण व्याख्या ही कर सकते हैं। परन्तु कार्यविशेषों की कर्तव्याकर्तव्यता पूर्णतया देश- काल-पात्र पर ही निर्भर रहेगी। एक देश में एक प्रकार का आचरण नीतिसंगत माना जाता है, परन्तु सम्भव है वही किसी दूसरे देश में अत्यन्त नीतिविरुद्ध माना जाय क्योंकि भिन्न-भिन्न देशों में भिन्न-भिन्न परिस्थितियाँ होती है। समस्त प्रकृति का अन्तिम ध्येय मुक्ति है और यह मुक्ति केवल पूर्ण निःस्वार्थता द्वारा ही प्राप्त की जा सकती है। प्रत्येक स्वार्थशून्य कार्य प्रत्येक निःस्वार्थ विचार प्रत्येक निःस्वार्थ वाक्य हमें इसी ध्येय की ओर ले जाता है और इसीलिए हम उसे नीतिसंगत कहते हैं। तुम देखोगे कि यह व्याख्या प्रत्येक धर्म एवं प्रत्येक नीतिप्रणाली में लागू होती है। नीतितत्त्व के मूल के सम्बन्ध में भिन्न-भिन्न देशों में भिन्न-भिन्न धारणाएँ हो सकती है। कुछ दर्शनों में नीतितत्त्व का मूल सम्बन्ध परमपुरुष परमात्मा में लगाते हैं। यदि तुम उन सम्प्रदायों के किसी व्यक्ति से पूछो कि हमें अमुक कार्य क्यों करना

चाहिए अथवा अमुक क्यों नहीं, तो वह उत्तर देगा कि "ईश्वर की ऐसी ही आज्ञा है।" उनके नीतितत्त्व का मूल चाहे जो हो पर उसका सार असल में यही है कि 'वय' की चिन्ता न करो, 'अहं' का त्याग करो। परन्तु फिर भी, नीतितत्त्व के सम्बन्ध में इस प्रकार की उच्च धारणा रहने पर भी अनेक व्यक्ति अपने इस क्षुद्र व्यक्तित्व के त्याग करने की कल्पना से सिहर उठते हैं, जो मनुष्य अपने इस क्षुद्र व्यक्तित्व से जकड़ा रहना चाहता है, उससे हम पूछें, "अच्छा, जरा ऐसे पुरुष की ओर तो देखो, जो नितान्त निःस्वार्थ हो गया है जिसकी अपने स्वयं के लिए कोई चिन्ता नहीं है, जो अपने लिए कोई भी कार्य नहीं करता, जो अपने लिए एक शब्द भी नहीं कहता; और फिर बताओ कि उसका 'निजत्व' कहाँ है?" जब तक वह अपने स्वयं के लिए विचार करता है, कोई कार्य करता है या कुछ कहता है तभी तक उसे अपने 'निजत्व' का 'बोध' रहता है। परन्तु यदि उसे केवल दूसरों के सम्बन्ध में ध्यान है, जगत् के सम्बन्ध में ही ध्यान है, तो फिर उसका 'निजत्व' भला कहाँ रहा? उसका तो सदा के लिए लोप हो चुका है।

अतएव कर्मयोग, निःस्वार्थपरता और सत्कर्म द्वारा मुक्ति लाभ करने की एक विशिष्ट प्रणाली है। कर्मयोगी को किसी भी प्रकार के धर्ममत का अवलम्बन करने की आवश्यकता नहीं। वह ईश्वर में भी चाहे विश्वास करे अथवा न करे, आत्मा के सम्बन्ध में भी अनुसंधान करें या न करे, किसी प्रकार का दार्शनिक विचार भी करे अथवा न करे इससे कुछ बनता बिगड़ता नहीं। उसके सम्मुख उसका बस अपना निःस्वार्थपरता लाभरूप एक विशिष्ट ध्येय रहता है और अपने प्रयत्न द्वारा ही उसे उसकी प्राप्ति कर लेनी पड़ती है। उसके जीवन का प्रत्येक क्षण ही मानो प्रत्यक्ष अनुभव होना चाहिए, क्योंकि उसे तो अपनी समस्या का समाधान किसी भी प्रकार के मतामत की सहायता न लेकर केवल कर्म द्वारा ही करना होता है जब कि ज्ञानी उसी समस्या का समाधान अपने ज्ञान और आन्तरिक प्रेरणा द्वारा तथा भक्त अपनी भक्ति द्वारा करता है।

अब दूसरा प्रश्न आता है - यह कर्म क्या है? संसार के प्रति उपकार करने का क्या अर्थ है? क्या हम सचमुच संसार का कोई उपकार कर सकते है? उपकार का अर्थ यदि 'पूर्ण उपकार' लिया जाय, तो उत्तर है - नहीं; परन्तु सापेक्ष दृष्टि से - हाँ। संसार के प्रति ऐसा कोई भी उपकार नहीं किया जा सकता, जो चिरस्थायी हो। यदि ऐसा कभी सम्भव होता, तो यह संसार इस रूप में कभी न रहता, जैसा उसे हम आज देख

रहे हैं। हम किसी मनुष्य की भूख अल्प समय के लिए भले ही शान्त कर दें, परन्तु बाद में वह फिर भूखा हो जाएगा। किसी व्यक्ति को हम जो भी कुछ सुख दे सकते हैं वह क्षणिक ही होता है। सुख और दुःखरूपी इस सतत होनेवाले रोग का कोई भी सदा के लिए उपचार नहीं कर सकता - इस सतत गतिमान सुख-दुःखरूपी चक्र को कोई भी चिरकाल के लिए रोक नहीं सकता। क्या संसार को हम कोई चिरन्तन सुख दे सकते हैं? नहीं, यह कभी सम्भव नहीं हो सकता। समुद्र के जल में बिना किसी एक जगह गर्त पैदा किये हम एक भी लहर नहीं उठा सकते। इस संसार में सारी शक्तियों की समष्टि सदैव समान रहती है। यह न तो कम हो सकती है न अधिक। उदाहरणार्थ हम मानवजाति का इतिहास ही ले ले, जैसा कि हमें आज ज्ञात है। क्या हमें सदैव वही सुख-दुःख, वही हर्ष-विषाद तथा अधिकार का वही तारतम्य पगपग पर नहीं दिखायी देता? क्या कुछ लोग अमीर तो कुछ गरीब, कुछ बड़े तो कुछ छोटे कुछ स्वस्थ तो कुछ रोगी नहीं है? प्राचीन काल में मिस्रवासियों, ग्रीसवालों और रोमनों की जो अवस्था थी, वही आज अमेरिकावालों की भी है। जहाँ तक हमें इस संसार के इतिहास से पता चलता है यही दशा सदैव रही है; परन्तु फिर भी हम देखते है कि सुख दुःख की इस अनिवार्य भिन्नता के होते हुए भी साथ ही साथ उसे घटाने के प्रयत्न भी सदैव होते रहे हैं। इतिहास के प्रत्येक युग में ऐसे हजारों स्त्री पुरुष हुए हैं जिन्होंने दूसरों के लिए जीवनपथ को सुगम बनाने के लिए अविरत परिश्रम किया। पर वे कभी इसमें सफल न हो सके। हम तो केवल एक गेंद को एक जगह से दूसरी जगह फेंकने का खेल खेल सकते हैं। हमने यदि शरीर से दुःख को निकल बाहर किया, तो देखते हैं कि वह मन में जा बैठा। यह ठीक दान्ते के उस नर्क-चित्र जैसा है; - कंजूसों को सोने का एक बड़ा गोला दिया गया है और उनसे उस गोले को पहाड़ के ऊपर ढकेलकर चढ़ाने के लिए कहा गया है। परन्तु प्रत्येक बार ज्योंही वे उसे थोड़ा-सा ऊपर ढकेल पाते हैं कि वह लुढ़ककर नीचे आ जाता है। इसी प्रकार यह संसारचक्र घूम रहा है। सतयुग के सम्बन्ध में हमारी बातचीत बहुत सुन्दर है परन्तु उसी प्रकार, जैसे स्कूल के बच्चों के लिए किस्से कहानी! उससे अधिक और कुछ नहीं। जो सब जातियाँ सतयुग का लुभावना स्वप्न देखा करती हैं, वे अपने मन में यह भावना रखती हैं कि उस सतयुग के आने पर संसार की अन्य जातियों की अपेक्षा शायद उन्हें ही उसका सब से अधिक लाभ मिल जाएगा! सतयुग के सम्बन्ध में यह कैसा निस्वार्थ भाव है?

अतएव यह सिद्ध हुआ कि हम इस संसार के सुख को नहीं बढ़ा सकते, और इसी प्रकार न दुःख को ही। इस संसार में शुभ और अशुभ शक्तियों की समष्टि सदैव समान रहेगी। हम उसे सिर्फ यहाँ से वहाँ और वहाँ से यहाँ ढकेलते रहते हैं; परन्तु यह निश्चित है कि वह सदैव समान रहेगी, क्योंकि वैसा रहना ही उसका स्वभाव है। यह ज्वार भाटा, यह चढ़ाव उतार तो संसार की प्रकृति ही है। इसके विपरीत सोचना तो वैसा ही युक्तिसंगत होगा, जैसा यह कहना कि मृत्यु बिना जीवन सम्भव है। ऐसा कहना निरी मूर्खता है, क्योंकि जीवन कहने से ही मृत्यु का बोध होता है और सुख कहने से दुःख का। एक चिराग सतत जलता जा रहा है और यही तो उसका जीवन है। यदि तुम्हें जीवन की अभिलाषा हो, तो उसके लिए तुम्हें प्रतिक्षण मरना होगा। जीवन और मृत्यु एक ही चीज के विभिन्न पहलू हैं - केवल अलग-अलग दृष्टिकोणों से भिन्न-भिन्न दिखायी मात्र देते है। वे एक ही तरंग के उत्थान और पतन हैं, और दोनों को मिलाने से ही एक संपूर्ण वस्तु बनती है। एक व्यक्ति पतन को देखता है और निराशावादी बन जाता है; दूसरा उत्थान देखता है और आशावादी बन जाता है। बालक पाठशाला जाता है माता-पिता उसकी पूरी देखभाल करते हैं; तब उसे हर एक वस्तु सुखप्रद मालूम होती है। उसकी आवश्यकताएँ बिलकुल साधारण हुआ करती हैं वह बड़ा आशावादी बन जाता है। पर एक वृद्ध को देखो, जिसे संसार के अनेक अनुभव हो चुके हैं; - वह अपेक्षाकृत शान्त हो जाता है और उसकी गर्मी काफी ठण्डी पड़ जाती है। इसी प्रकार, वे प्राचीन जातियाँ, जिन्हें चहुँ ओर अपने पूर्वगौरव के केवल ध्वंसावशेष ही दृष्टिगोचर होते हैं स्वभावतः नूतन जातियों की अपेक्षा कम आशावादी होती हैं। भारतवर्ष में एक कहावत है 'हजार वर्ष तक शहर और फिर हजार वर्ष तक जंगल।' शहर का जंगल में तथा जंगल का शहर में इस प्रकार परिवर्तन सर्वत्र ही होता रहता है, और लोग इस तस्वीर को जिस पहलू से देखते हैं उसी के अनुसार वे आशावादी या निराशावादी बन जाते हैं।

इसके बाद अब हम साम्यभाव के सम्बन्ध में विचार करेंगे। उपर्युक्त सतयुग सम्बन्धी धारणा से अनेक व्यक्तियों को कार्य करने की प्रेरणा मिली है। बहुत से धर्म इसका अपने धर्म के एक अंग के रूप में प्रचार किया करते हैं। उनकी धारणा है कि परमेश्वर इस जगत् का शासन करने के लिए स्वयं आ रहे हैं और उनके आने पर फिर

लोगों में किसी प्रकार का अवस्था- भेद न रह जाएगा। जो लोग इस बात का प्रचार करते हैं वे अवश्य मतान्ध है; किन्तु उनमें सचमुच बड़ी आन्तरिकता होती है। ईसाई धर्म का प्रचार भी तो इसी मोह मतान्धता द्वारा हुआ था और यही कारण है कि ग्रीक एवं रोमन गुलाम इसकी ओर इतने आकृष्ट हुए थे। उनका यह दृढ़ विश्वास हो गया था कि इस सतयुगी धर्म में गुलामी बिलकुल न रह जाएगी, अन्न वस्त्र की भी बिलकुल कमी न रहेगी, और इसलिए वे हजारों की तादाद में ईसाई होने लगे। जिन ईसाइयों ने इस भाव का प्रथम प्रचार किया, वे वास्तव में अज्ञानी मतान्ध व्यक्ति थे, परन्तु उनका विश्वास निष्कपट था। आजकल के जमाने में इसी सतयुगी भावना ने साम्य, स्वाधीनता और भ्रातृभाव का रूप धारण कर लिया है। पर यह भी एक मतान्धता है। यथार्थ साम्यभाव न तो कभी संसार में हुआ है और न कभी होने की आशा है। यहाँ हम सब समान हो ही कैसे सकते हैं? इस प्रकार के असम्भव साम्यभाव का फल तो मृत्यु ही होगा। जगत् की उत्पत्ति तथा उसकी स्थिति का कारण क्या है? - साम्य का अभाव, केवल वैषम्यभाव। जगत् की प्रारम्भिक अवस्था में - प्रलयावस्था में - ही सम्पूर्ण साम्यभाव हो सकता है। तब फिर इन सब निर्माणशील विभिन्न शक्तियों का उद्भव किस प्रकार होता है? - विरोध, प्रतियोगिता एवं प्रतिद्वन्द्विता द्वारा ही। थोड़ी देर के लिए मान लो कि संसार के सब भौतिक परमाणु संपूर्ण साम्यवस्था में स्थित हो गये, - तो फिर सृष्टि रहेगी कहाँ? विज्ञान हमें सिखाता है कि यह असम्भव है। स्थिर जल को हिला दो; तुम देखोगे कि प्रत्येक जलबिन्दु फिर से स्थिर होने की चेष्टा करता है, एक दूसरे की ओर इसी हेतु दौड़ता है। इसी प्रकार यह जगत्- प्रपंच उत्पन्न हुआ है और उसके अन्तर्गत समस्त शक्तियाँ एवं समस्त पदार्थ अपने नष्ट साम्यभाव को पुनः प्राप्त करने के लिए चेष्टा कर रहे हैं। पुनः वैषम्यावस्था आती है और उससे पुनः इस सृष्टिरूप मिश्रण की उत्पत्ति हो जाती है। वैषम्य ही सृष्टि की नींव है। परन्तु साथ ही वे शक्तियाँ भी, जो साम्यभाव स्थापित करने की चेष्टा करती हैं, सृष्टि के लिए उतनी ही आवश्यक हैं जितनी कि वे, जो उस साम्यभाव को नष्ट करने का प्रयत्न करती हैं। सम्पूर्ण साम्यभाव अर्थात् समस्त प्रतिद्वन्द्वी शक्तियों का सम्पूर्ण सामंजस्य इस संसार में कभी नहीं हो सकता। तुम्हारी उस अवस्था को प्राप्त करने के. पूर्व ही सारा संसार किसी भी प्रकार के जीवन के लिए सर्वथा अयोग्य बन जाएगा,

और वहाँ कोई भी प्राणी न रहेगा। अतएव हम देखते हैं कि सतयुग अथवा सम्पूर्ण साम्यभाव की ये धारणाएं इस संसार में केवल असम्भव ही नहीं, वरन् यदि हम इन्हें संपूर्ण रूप से कार्यरूप में परिणत करें तो वे हमें निश्चय प्रलय की ओर ले जाएँगी। वह क्या चीज है जो मनुष्य मनुष्य में भेद स्थापित करती है? - वह है मस्तिष्क की भिन्नता। आजकल के दिनों में एक पागल के अतिरिक्त और कोई भी यह न कहेगा कि हम सब मस्तिष्क की समान शक्ति लेकर उत्पन्न हुए हैं। हम सब संसार में विभिन्न शक्तियाँ लेकर आते हैं। कोई बड़ा आदमी होकर आता है कोई छोटा। इस जन्मगत विभिन्नता को अतिक्रमण करने का कोई मार्ग नहीं है। अमेरिकन-इंडियन लोग इस देश में हजारों वर्ष रहे और तुम्हारे जो पूर्वज यहाँ आये, उनकी संख्या बहुत कम थी। परन्तु उन्हीं थोड़े-से व्यक्तियों ने इस देश में क्या-क्या परिवर्तन कर दिये हैं! यदि सभी लोग समान हों, तो उन इण्डियनों ने इस देश को उन्नत करके बड़े-बड़े नगर आदि क्यों नहीं बना दिये? क्यों वे चिरकाल तक जंगलों में शिकार करते हुए घूमते रहे? तुम्हारे पूर्वजों के साथ इस देश में एक दूसरे ही प्रकार की दिमागी शक्ति एक दूसरे ही प्रकार की संस्कार-समष्टि आ गयी और उसके फलस्वरूप यह परिस्थिति उत्पन्न हो गयी है। संपूर्ण साम्यभाव का अर्थ है मृत्यु। जब तक यह संसार बना रहेगा, तब तक वैषम्यभाव रहेगा ही। और यह सतयुग अथवा साम्यभाव तभी आएगा, जब कल्प का अन्त हो जाएगा। उसके पहले पूर्ण साम्यभाव नहीं आ सकता। परन्तु फिर भी साम्यभाव की यह धारणा हमारे लिए कार्य में प्रवृत्ति देने वाली एक प्रबल शक्ति है। जिस प्रकार सृष्टि के लिए वैषम्य उपयोगी है उसी प्रकार उस वैषम्य को घटाने की चेष्टा भी नितान्त आवश्यक है। जिस प्रकार वैषम्य न होने से सृष्टि नहीं रह सकती, उसी प्रकार मुक्ति एवं ईश्वर के पास लौट जाने की चेष्टा बिना भी सृष्टि नहीं रह सकती। कर्म करने के पीछे मनुष्य का जो हेतु रहता है, वह इन दो शक्तियों के तारतम्य से ही निश्चित होता है। और कर्म करने के ये भिन्न भिन्न उद्देश्य चिरकाल तक विद्यमान रहेंगे - कुछ बन्धन की ओर ले जाएँगे और कुछ मुक्ति की ओर।

संसार का यह 'चक्र के भीतर चक्र' एक बड़ा भयानक यन्त्र है। इसके भीतर हाथ पड़ा नहीं कि हम गये। हम सभी सोचते हैं कि अमुक कर्तव्य पूरा होते ही हमें छुट्टी मिल जाएगी, हम चैन की साँस लेंगे; पर उस कर्तव्य का मुश्किल से एक अंश

भी समाप्त नहीं हो पाता कि एक दूसरा कर्तव्य सिर पर आ खड़ा होता है। संसार का यह प्रचण्ड शक्तिशाली, जटिल यन्त्र हम सबों को खींचे ले जा रहा है। इससे बाहर निकलने के केवल दो ही उपाय हैं। एक तो यह कि उस यन्त्र से सारा नाता ही तोड़ दिया जाय - वह यन्त्र चलता रहे हम एक ओर खड़े रहें और अपनी समस्त वासनाओं का त्याग कर दें। अवश्य यह कह देना तो बड़ा सरल है परन्तु इसे अमल में लाना असम्भव-सा है। मैं नहीं कह सकता कि दो करोड़ आदमियों में से एक भी ऐसा कर सकेगा। दूसरा उपाय है - हम इस संसारक्षेत्र में उतर आयें और कर्म का रहस्य जान लें। इसी को कर्मयोग कहते है। इस संसारयन्त्र से दूर न भागो, वरन् इसके अन्दर ही खड़े होकर कर्म का रहस्य सीख लो। भीतर रहकर कौशल से कर्म करके बाहर निकल आना सम्भव है। इस यन्त्र के भीतर से ही बाहर निकल आने का मार्ग है।

अब हमने देखा कि कर्म क्या है। यह प्रकृति की नींव का एक अंश है और सदैव ही चलता रहता है। जो ईश्वर में विश्वास करते हैं वे इसे अपेक्षाकृत अधिक अच्छी तरह समझ सकेंगे, क्योंकि वे जानते हैं कि ईश्वर कोई ऐसे एक 'असमर्थ' पुरुष नहीं हैं जिन्हें हमारी सहायता की आवश्यकता है। यद्यपि यह जगत् अनन्त काल तक चलता रहेगा, फिर भी हमारा ध्येय मुक्ति ही है, निःस्वार्थता ही 'हमारा लक्ष्य है'; और कर्मयोग के मतानुसार उस ध्येय की प्राप्ति कर्म द्वारा ही करनी होगी। संसार को पूर्ण रूप से सुखी बनाने की जो सब भावनाएँ हैं वे मतान्ध व्यक्तियों के लिए प्रेरणाशक्ति के रूप में भले ही अच्छी हों, पर हमें यह भी जान लेना चाहिए कि मतान्धता से जितना लाभ होता है उतनी ही हानि भी होती है। कर्मयोगी प्रश्न करते हैं कि तुम्हें कर्म करने के लिए मुक्ति को छोड़ अन्य कोई उद्देश्य क्यों होना चाहिए? सब प्रकार के सांसारिक उद्देश्य के अतीत हो जाओ। तुम्हें केवल कर्म करने का अधिकार है कर्मफल में तुम्हारा कोई अधिकार नहीं - 'कर्मण्येवाधिकारस्ते मा फलेपु कदाचन।' कर्मयोगी कहते हैं कि मनुष्य अध्यवसाय द्वारा इस सत्य को जान सकता है और इसे कार्यरूप में परिणत कर सकता है। जब परोपकार करने की इच्छा उसके रोम-रोम में भिद जाती है, तो फिर उसे किसी बाहरी उद्देश्य की कोई आवश्यकता नहीं रह जाती। हम भलाई क्यों करें? - इसलिए कि भलाई करना अच्छा है। कर्मयोगी का कथन है कि जो स्वर्ग प्राप्त करने की इच्छा से भी सत्कर्म करता है वह भी अपने को बन्धन में डाल लेता है। किसी

कार्य में यदि थोड़ी-स्त्री भी स्वार्थपरता रहे तो वह हमें मुक्त करने के बदले हमारे पैरों में और एक बेड़ी डाल देता है।

अतएव, एकमात्र उपाय है - समस्त कर्मफलों का त्याग कर देना, अनासक्त हो जाना। यह जान रखो कि न तो यह संसार हम है और न हम यह संसार न हम यह शरीर हैं और न वास्तव में हम कोई कर्म ही करते हैं। हम हैं आत्मा - हम अनन्त काल से विश्राम और शान्ति का आनन्द भोग रहे हैं। हम क्यों किसी के बन्धन में पड़े यह कह देना बड़ा सरल है कि हम पूर्णरूप से अनासक्त रहें परन्तु ऐसा हो किस तरह? बिना किसी स्वार्थ के किया हुआ प्रत्येक सत्-कार्य हमारे पैरों में और एक बेड़ी डालने के बदले पहले की ही एक बेड़ी तोड़ देता है। बिना किसी बदले की आशा से संसार में भेजा गया प्रत्येक शुभ विचार संचित होता जाएगा, - वह हमारे पैरों में से एक बेड़ी को काट देगा और हमें अधिकाधिक पवित्र बनाता जाएगा जब तक कि हम पवित्रतम मनुष्य के रूप में परिणत नहीं हो जाते। पर हो सकता है यह सब आप लोगों को केवल एक अस्वाभाविक और कोरी दार्शनिक बात ही जान पड़े जो कार्य में परिणत नहीं की जा सकती। मैंने भगवद्गीता के विरोध में अनेक युक्तियाँ पड़ी हैं, और कई लोगों का यह सिद्धान्त है कि बिना किसी हेतु के हम कुछ कर्म कर ही नहीं सकते। उन्होंने शायद मतान्धता से रहित कोई निःस्वार्थ कर्म कभी देखा ही नहीं है इसीलिए वे ऐसा कहा करते हैं।

अब अन्त में संक्षेप में मैं तुम्हें एक ऐसे व्यक्ति के बारे में बताऊँगा, जो सचमुच कर्मयोग की शिक्षाओं को प्रत्यक्ष अमल में लाये थे। वे कर्मयोगी थे बुद्ध देव - एकमात्र वे ही इन सब बातों को सम्पूर्ण रूप से अमल में ला सके थे। भगवान् बुद्ध को छोड़कर संसार के अन्य सभी महापुरुषों की निःस्वार्थ कर्मप्रवृत्ति के पीछे कोई न कोई बाह्य उद्देश्य अवश्य था। एक इन्हें छोड़कर संसार के अन्य सब महापुरुष दो श्रेणियों में विभक्त किये जा सकते हैं - एक तो वे, जो अपने को संसार में अवतीर्ण भगवान का अवतार कहते थे और दूसरे वे, जो अपने को केवल ईश्वर का दूत मानते थे; ये दोनों अपने कार्यों की प्रेरणाशक्ति बाहर से लेते थे, बहिर्जगत् से ही पुरस्कार की आशा करते थे - चाहे उनकी भाषा कितनी भी आध्यात्मिकतापूर्ण क्यों न रही हो। परन्तु एकमात्र बुद्ध ही ऐसे महापुरुष थे, जो कहते थे, "मैं ईश्वर के बारे में तुम्हारे मत-मतान्तरों को जानने की परवाह नहीं करता। आत्मा के बारे में विभिन्न सूक्ष्म मतों पर

बहस करने से क्या लाभ? भला करो और भले बनो। बस यही तुम्हें निर्वाण की ओर अथवा जो कुछ सत्य हो उसकी ओर ले जाएगा।

उनके कार्यों के पीछे व्यक्तिगत उद्देश्य का लवलेश भी न था। और उनकी अपेक्षा अधिक कार्य भला किस व्यक्ति ने किया है? इतिहास में मुझे जरा एक ऐसा चरित्र तो दिखाओ जो सब से ऊपर इतना ऊँचा उठ गया हो। सारी मानवाजाति ने ऐसा केवल एक ही चरित्र उत्पन्न किया है - इतना उन्नत दर्शन! इतनी असुत सहानुभूति! सर्वश्रेष्ठ दर्शन का प्रचार करते हुए भी इन महान् दार्शनिक के हृदय में क्षुद्रतम प्राणी के प्रति भी गहरी सहानुभूति थी। और फिर भी वे स्वयं के लिए किसी प्रकार का दावा नहीं कर गये। वास्तव में वे ही आदर्श कर्मयोगी हैं, पूर्णरूपेण हेतुशून्य होकर उन्हीं ने कर्म किया है; और मानवजाति का इतिहास यह दिखाता है कि सारे संसार में उनके सदृश श्रेष्ठ महात्मा और कोई पैदा नहीं हुआ। उनके साथ किसी की तुलना नहीं हो सकती। हृदय तथा मस्तिष्क के पूर्ण सामंजस्य भाव के वे सर्वश्रेष्ठ उदाहरण है; आत्मशक्ति का जितना विकास उनमें हुआ, उतना और किसी में नहीं हुआ। संसार में वे ही सर्वप्रथम श्रेष्ठ सुधारक है। उन्हीं ने सर्वप्रथम साहसपूर्वक कहा था, "केवल कुछ प्राचीन हस्तलिखित पोथियों में कोई बात लिखी है इसलिए उस पर विचार मत कर लो, उस बात को इसलिये भी न मान लो कि उस पर तुम्हारा जातीय विश्वास है अथवा बचपन से ही तुम्हें उस पर विश्वास कराया गया है; वरन् तुम स्वयं उस पर विचार करो, और विशेष रूप से विश्लेषण करने के बाद यदि देखो कि उससे तुम्हारा तथा दूसरों का भी कल्याण होगा, तभी उस पर विश्वास कसे, उसी के अनुसार अपना जीवन बिताओ तथा दूसरों को भी उसी के अनुसार चलने में सहायता पहुंचा।"

केवल वही व्यक्ति सब की अपेक्षा उत्तम रूप से कार्य करता है, जो पूर्णतया निःस्वार्थ है, जिसे न तो धन की लालसा है, न कीर्ति की और न किसी अन्य वस्तु की ही। और मनुष्य जब ऐसा करने में समर्थ हो जाएगा, तो वह भी एक बुद्ध बन जाएगा और उसके भीतर से ऐसी कार्यशक्ति प्रकट होगी, जो संसार की अवस्था को सम्पूर्ण रूप से परिवर्तित कर सकती है। वस्तुतः ऐसा ही व्यक्ति कर्मयोग के चरम आदर्श का एक ज्वलन्त उदाहरण है।